이재명 수행일기

언제나 함께했던
수행실장 김태선의 기록

# 이재명
# 수행일기

김태선 지음

메디치

추천의 글

대한민국 대통령
이재명

정치인의 곁에서 하루하루를 기록한다는 것은 결코 쉬운 일이 아닙니다. 희로애락의 순간순간이 책으로 묶여 세상에 나온다니 솔직히 쑥스럽고 민망한 마음이 앞섰습니다. 그러나 이 기록에 한 정치인의 행보를 넘어 그 길을 함께 걸어온 수많은 이들의 땀과 마음이 오롯이 담겨 있음을 알기에, 한 글자 한 글자가 고맙고 또 소중합니다.

짧은 이동의 순간에도, 길지 않은 연설의 한 줄에도, 수많은 토론과 시행착오, 동료들의 헌신이 깃들어 있습니다. 김태선 수행실장은 그 모든 장면을 가장 가까운 곳에서 지켜본 저의 동료입니다. 때론 누구보다도 먼저 현장에 있었고, 때론 깊은 밤까지 자리를 지키며 정치란 결코 혼자서는 할 수 없는 '동행(同行)의 과업'임을 증명했습니다.

《이재명 수행일기》는 지난날을 돌아보는 거울입니다. 당대표 경선에서부터 대선 국면까지 크고 작은 위기의 순간도, 예기치 못한 흔들림의 순간도 있었습니다. 그럼에도 더욱 절박했던 마음들이 함께했기에 더 밝은 미래를 향해 나아갈 수 있었습니다.

응원도 비판도 아낌없이 보내주신 국민의 생생한 목소리, 시장에서 거리에서 또 각자의 일터에서 만난 이름 모를 시민들의 따뜻한 눈빛, 비가 오든 눈이 오든 밤낮없이 현장을 지킨 동료들의 땀방울이 오늘의 길을 만들었습니다. 이 책을 통해 그 숨은 얼굴들을 다시금 직면합니다. 함께 걸어온 그 길의 여정이 어떤 것이었는지 다시금 확인합니다.

그래서 《이재명 수행일기》는 미래의 여정을 알려줄 나침반입니다. 정치란 화려한 무대 위가 아니라 보이지 않는 곳에서 버텨준 수많은 손길 위에 세워지는 것임을 이 책은 잘 보여줍니다. 독자 여러분들 또한 정치의 다른 모습을 보여주는 이 책의 이야기에 흠뻑 빠져들 수 있길 바랍니다. 그만큼 우리 정치가 더 나아질 것이라고 확신합니다.

이 책 곳곳에 새겨진 크나큰 고마움만큼, 무거운 책임감을 안고 앞으로 나아가겠다고 다짐합니다. 일하는 곳도 서 있는 곳도 변했지만 저의 마음은 변하지 않았습니다. 지금까지 그랬듯 국민만 바라보며 더 겸손한 마음으로 직진하겠습니다. 이 책을 통해 많은 분께 그 절실한 마음이 전해지길 바랍니다.

들어가는 글

# 곁에서 본 정치,
# 기록하는 이유

사람들은 정치를 말할 때 언론의 주목을 받으며 큰 무대에서 펼쳐지는 화려한 스포트라이트를 떠올린다. 그것은 TV뉴스에 편집된 주요 장면이나 함축된 헤드라인 한 줄, 짧은 기사의 활자로 기억된다. 그러나 내가 본 진짜 정치는 무대 뒤에 있었다. 완성된 그림 아래 겹겹이 쌓인 무수한 연필의 흔적들처럼 무대 뒤의 일들은 보이지 않은 채 사라졌다.

조명이 꺼진 후에도, 연설을 마친 뒤에도 정치는 계속되고 있었다. 하나의 결정을 위해 늦은 밤까지 이어진 크고 작은 토론들, 한 문장을 완성하기 위해 수없이 확인하고 고쳐 쓴 시간이 있었다. 기쁨의 순간에도 겨를 없이 슬픔을 껴안기 위해 달려가야 했고, 닥쳐온 위기 앞에서 언제나 인내와 결단이 요구됐다.

하나의 장면이 있기까지 그것을 지탱했던 순간들은 사라져 간다. 사람의 결이 만들어 내는 진심과 언론에 담기지 않는 땀방울은 보이지 않는다. 오롯이 그 자리에 있었던 사람들의 마음속에만 남을 뿐이다.
나는 행운이 따른 사람이다. 이재명 당대표에서 대선 후보, 대통령이 되기까지 수행실장으로 가장 가까이에서 함께했다. 매일의 일정과 회의, 예상치 못한 사건과 위기 속에서 그는 늘 크고 작은 선택을 통해 매 순간 리더십을 증명해야 했다. 어떤 결정을 내리는지보다 그 결정을 어떻게 만들어 가는지가 더 중요했다. 한 장의 사진, 한 줄의 발언으로만 기억될 순간을 나는 그전과 이후까지 지켜볼 수 있었다. 그것이 내게 주어진 크나큰 행운이었다.

사라지는 것들을 기록으로 남기고 싶었다. 내 눈앞에서 지나가는 순간들의 기록이 언젠가 정치가 나아가야 할 방향을 비출지도 모른다는 생각이 들었다. 회의에서 오간 한마디, 현장에서 예기치 못한 일들 속에서 이재명이라는 한 정치인을 중심으로 내가 관찰한 것들이야말로 현시대를 이해하게 하는 단서이자, 정치가 실제로 작동하는 방식을 보여주는 증거였다.

이 기록은 특정 인물의 찬사집이 아니다. 가까이서 지켜본 만큼 사실을 있는 그대로 남기는 것이 전제였다. 물론 당시 상황에 대한 나의 견해를 덧붙이기도 했다. 그것 또한 읽는 이들에게 생각해 볼 관점을 제시할 수 있지 않을까 생각했다. 덕분에 이 글들은 단순한 추억담이 아니라, 정치라는 일을 곁에서 목격한 한 사람의 일기이자 증언이 될 수 있었다.

책으로 엮어야겠다고 마음먹은 건, 이 기록들이 나만의 것이어선 안 된다고 생각했기 때문이다. 정치는 혼자 하는 일이 아니다. 수많은 사람이 함께 만들고, 지켜본다. 그렇다면 그 과정 역시 함께 나누어야 한다. 이 책이 전하는 것은 화려한 성취의 뒷면에 있는 땀과 인내 그리고 때로는 감당하기 어려운 무게를 함께 짊어졌던 사람들의 이야기다.

네 개의 장으로 나눈 이유도 그 때문이다. 결정의 순간은 어떻게 만들어지는지, 사람의 결은 어떻게 정치의 진심이 되는지, 무게의 현장은 어떤 책임과 슬픔을 안겨주는지, 그리고 곁에서 함께한 사람들이 어떻게 하나의 일정을 만들어 내는지 보여주고 싶었다. 이 네 갈래의 이야기는 서로 떨어져 있지 않다. 모두가 한날한시, 같은 길 위에서 이어져 있었고, 나 또한 그 길 위에 있었다.

정치는 결국 사람의 일이다. 그리고 사람의 일은 기록될 때야 비로소 다음 세대에 전달된다. 나는 이 책을 통해 '정치는 이런 것이다'라는 결론을 내리려 하지 않는다. 다만 내가 곁에서 보고, 듣고, 느낀 것을 온전히 남겨 두고 싶었다. 누군가 이 기록을 읽고, 우리가 눈으로 보는 정치가 아니라 그 이면에 드러나지 않는 과정과 그 속에 담긴 진심을 조금 더 선명하게 그릴 수 있다면, 그걸로 충분하다.

그러므로 이 책은 나의 기억이자 우리의 기록이다. 그리고 그 기록이 정치의 무대 뒤에 있었던 수많은 사람의 얼굴과 마음을 함께 비춰주길 바란다.

2025년 9월
김태선

프롤로그

## '수행실장 관찰일기'의
## 시작

"김 실장은 SNS 자주 해요?"

"네. 그냥 조금씩 하고 있습니다."

"팔로워가 얼만데? 유튜브 구독자는?"

"그렇게 많지는 않습니다."

"흠, 그럼 아까 제천 마을회관에서 찍은 사진 활용해서 '수행일기' 같은 걸 써봐요."

후보는 동물을 좋아한다. 거리에서 사람들과 인사를 나누는 중에도 반려동물을 데리고 나온 이들을 그냥 지나치지 못할 정도다. 집에서 강아지를 키운 적도 있었다고 한다. 제천 마을회관 앞에서 길고양이를 본 후보는 그 자리에 쪼그리고 앉더니 고양이를 불렀다. 그런데 정말 그 길고양이가 슬며시 후보에게로 걸어왔다.

보통 길에서 사는 고양이는 경계심이 강해 사람에게 잘 다가오지 않는다. 특히 학대받은 경험이 있는 고양이들은 더 조심스럽다. 그러니 이 장면은 우연처럼 보이지만, 어쩌면 진심이 만든 순간이었는지도 모른다. 후보는 이렇게 곁에서 보지 않으면 놓치기 쉬운 장면, 현장감 있는 뒷이야기들을 나의 시각으로 써보라고 권한 것이다.

"네? 그런 걸 써도 될까요?"
"그럼, 정치인은 다 보여줄 수 없으니, 이런 걸 통해서라도 소통을 많이 해야 합니다."
이렇게 해서 페이스북의 '수행실장 관찰일기'는 시작되었다. 사진 한 장을 통해 후보의 숨겨진 매력을 보여줄 수 있겠다 생각했다. 처음에는 간단한 설명을 덧붙이는 정도였지만, 점점 내 생각이 깊이 들어갔고, 어느 순간부터는 글의 중심이 되기도 했다.

반응은 예상보다 뜨거웠다. "또 언제 써요? 기대돼요"라는 말이 들려오기 시작했다. 일이 커지는 기분이었다. 바쁜 와중에 글을 쓰는 것이 부담되기도 했다. 솔직히, 소재를 찾는 스트레스가 없었다면 거짓말이다. 그럼에도 후보의 인간적인 면모와 소소한 즐거움을 사람들과 나눌 수 있다는 점에서 큰 보람을 느꼈다.

그날 길고양이와 마주한 장면은 사진 한 장으로만 남겨둘 수도 있었다. 그러나 점차 기록의 형태를 갖추고 그것은 쌓일수록 의미를 더해갔다. 쓰는 순간에는 그저 하루의 소소한 장면 같았던 기록이, 시간이 지나면 그 사람의 철학과 선택을 설명하는 근거가 된다. 수행실장은 공식 석상에서 들리지 않는 말과 무대 뒤에서만 보이는 표정과 아무도 주목하지 않는 손짓까지 지켜볼 수 있는 자리다. 그 자리에서 본 장면을 글로 남기는 일은 때론 한 사람의 진심을, 때론 한 시대를 증언

하는 일이 되기도 한다.

세상은 빠르게 변하지만 기록은 그 속도를 늦춰준다. 그날의 공기와 표정을 붙잡아 두어, 다시 읽는 순간 당시의 고민과 진심을 되살린다. '수행실장 관찰일기'는 그래서 시간과 공간을 잇는 연결고리가 되었다.

아래는 내가 처음 썼던 수행실장 관찰일기다.

---

<수행실장 관찰일기 1> "집사 간택"

제천 마을회관 앞에서 길 가던 냥이님과 조우.
길고양이는 아무나 따르지 않습니다.
그런데 고양이 한 마리가 조심스레 다가왔습니다.
조용히 손을 내밀고 머리를 쓰다듬었습니다.
"먹이 좀 꼭 챙겨 줬으면 좋겠네. 하루하루 쉽지가 않으니."
사람이든 고양이든, 진심은 통하는가 봅니다.

## 차례

| | | |
|---|---|---|
| **추천의 글** | | 4 |
| **들어가는 글** | 곁에서 본 정치, 기록하는 이유 | 7 |
| **프롤로그** | '수행실장 관찰일기'의 시작 | 13 |

### 1장 한 줄의 말

- SNS 소통 … 23
- 긴 간담회 … 29
- 영남 대형 산불 … 35
- 울산 동구 유세, 첫 번째 … 39
- 잠행 … 45
- 집단지성을 믿는 민주주의자 … 49
- 말 한마디의 무게 … 55

### 2장 사람, 이재명

- 굽은 팔과 땀 … 65
- 그래서 오히려 투명한 사람 … 71
- 과잉이 결핍을 잠식하지 않도록 … 77
- 당선된다면 어디서 일할까요? … 81
- 교양 있는 사람 … 87
- 모르면 손발이 고생이니까 … 91
- 안동, 어머니의 품 같은 고향 … 97
- 체력과 정신력의 원천 … 103

## 3장 그 무게를 감당한다는 것

- 12월 3일 밤   111
- 멈춰 서는 이유   119
- 방탄복 그리고 운동화에 담은 메시지   125
- 속초에서 온 편지   129
- 용산, 방탄유리   135
- 울산 동구 유세, 두 번째   139
- 죄스럽지 않은 봄을 위하여   145

## 4장 곁에서, 함께

- 고기 함 구워 먹읍시다   155
- 수행팀   159
- 양해의 전문가, 묵묵한 뒷모습 – 이해식 비서실장   165
- 원칙을 지키는 동행자 – 김용만 2수행실장   169
- 준비된 여유   175
- 혼자 치르는 늦은 밤 회의   179

**에필로그**    새로운 시작의 무대에서   185

## [ 1장 ]

# 한 줄의 말

토론하고 설득하고,
설득당하길 바라는
리더십

정치는 거창한 선언보다 일상의 수많은 갈림길에서 더 나은 방향을 찾아가는 과정의 예술이다. 이재명의 리더십은 그 '과정' 안에서 빛났다.

집단지성의 힘을 믿는 그가 결정에 이르는 과정에는 다수결의 힘보다 소수의 의견이 '키'가 될 수도 있다. 행사에서 준비된 틀을 깨버리고 실질적인 해답을 찾기 위해 집요하게 질문하고 답하는 그는 결정보다 '경청'과 '설득'의 정치를 믿는 리더다.

"이 한 줄로 국민의 판단 근거가 달라질 수 있다"는 그의 말은, 말의 끝이 누군가의 삶과 닿아 있을 수 있다는 리더의 고뇌를 품고 있다. 토론하고 끝없이 다듬는 그는 단 한 줄의 말도 허투루 쓰지 않는다.

1장에는 리더로서 이재명이 듣고, 고민하고, 어떻게 결정해 나가는지를 보여주는 순간들을 담았다.

## SNS 소통

이재명 후보는 국민과의 소통을 정말 중요하게 여긴다. 그에게 국민과의 소통은 정치를 위한 하나의 형식이나 기술이 아니라, 정치를 바라보는 근본적인 태도이자 철학이다. 그는 생각을 가감 없이 직접 SNS에 올리는 사람이다. 틈만 나면 본인이 직접 글을 쓰고 댓글을 통해 사람들의 생각을 확인한다. 많게는 하루 3~4개의 게시물을 업로드하고, 다른 사람이 쓴 글이 공감되면 공유하기도 한다. 미디어에 있어서도 일방통행인 소위 레거시 미디어보다는 국민의 반응과 감정이 실시간으로 전해지는 뉴미디어를 더 신뢰하는 편이다.

그의 소통은 위기의 순간에도 멈추지 않는다. 내란의 밤, 목숨이 위태로운 순간에도 그는 라이브를 켜고 국회 담장을 넘어 상황의 심각함을 실시간으로 알리며 국민의 저항을 이끌어 냈다.

선거 기간, 참모진이 후보의 SNS 계정 비밀번호를 바꾸고 그에게 알려주지 않았을 때, 후보는 꽤나 답답해했다. 당시 참모진 입장에서는 메시지의 우선순위와 일관성을 유지하는 것이 급선무였다. 후보의 하루는 초 단위로 움직이고 있었고, 모든 메시지는 전략적으로 설계돼야 했다. 무엇보다 SNS에 글을 쓰고 댓글을 읽는 그 시간조차 아껴 공식 일정에 시간과 에너지를 쏟아야 한다는 것이 참모진의 판단이었다. 나 역시 수행실장으로서 그 판단에 동의했다.
하지만 가만히 있을 후보가 아니었다. 시간이 부족하다고 하니 후보는 이동 중, 차 안에서 유튜브 방송을 하자고 제안했다. 실무적으로 많은 준비를 해야 하는 일이었지만, 좋은 아이디어였다. 시행착오가 꽤 있었다. 방송 시스템을 차량에 적용하는 일도, 네트워크를 안정시키는 일도 쉽지 않았다. 그렇

ⓒ 더불어민주당

게 탄생한 것이 바로 '경청버스 투어, 라이브 유세'였다. 국민과 직접 소통하고자 하는 후보의 의지가 만들어 낸 셈이다.

카메라 앞에서 후보는 마치 옆자리에 앉은 사람에게 이야기하듯 소통하며 전국을 다녔다. 경청버스 안에는 안전벨트가 네 좌석밖에 없었다. 그래서 경청버스를 타고 이동할 때는 실제로 4명까지만 탈 수 있었다. 메인 작가도 CP도 라이브 때는 버스에 못 타서 멈춰서 방송한 적도 많았다.
"정치는 정치인이 하는 것처럼 보이지만, 실은 주권자인 국민이 하는 것"이라는 후보의 평소 신념은, 이런 소통에서 분명하게 드러난다. 국민과의 거리를 좁히기 위한 실험을 멈추지 않는 리더. 그가 정치라는 길 위에서 가장 먼저 세우는 좌표는 늘 '국민'이었다. 그렇게 그는 매일 국민과 가장 가까운 곳에 있으려 노력했다. 듣고 고민을 나누고 때론 설득하고, 부족했던 점은 인정하고 사과하며 국민과 함께 호흡했다.

정치는 결국 사람이 하는 일이고, 그가 어디를 바라보고 서 있는지가 많은 것을 결정한다. 정치인 이재명은 늘 국민의 눈높이에 서 있으려 했다. 그의 SNS는 민주주의가 살아 숨 쉬는 현장이었다. 그의 글은 늘 현장에 닿아 있었고, 그의 정치에는 늘 사람의 체온이 있었다. 따뜻함이 있었고, 분노가 있었고, 때로는 고백과 사과가 있었다. 국민의 삶에 가장 가까이 닿아 있는 언어, 바로 그것이 그가 믿는 정치의 출발점이었다.

ⓒ 더불어민주당

# 긴 간담회

2024년 11월 11일 오전 10시 반, 한국경영자총협회(이하 경총)와의 간담회.

"다음으로 이재명 대표님 모두 발언이 있겠습니다."

사회자의 멘트가 끝나기 무섭게 대표가 말했다.

"우리 이런 뻔한 거 하지 마시고, 그냥 본론으로 들어가시죠. 이미 주신 자료들은 저희도 다 봤고요, 검토 자료는 다 보셨을 거 아닙니까?"

다들 놀란 얼굴이었고, 반신반의하는 눈빛이었다.

하지만 정해진 순서대로 진행은 해야 했다. 경총 소속 위원들이 한마디씩 하기 시작했다. 한 위원의 발언이 끝나자 대표가 바로 대답하기 시작했다. 사회자는 발언이 정해진 위원들 3명의 얘기를 먼저 듣고 한꺼번에 대답해 달라고 요청했지만, 대표는 바로바로 즉답을 택했다. 그렇게 경총 위원들의 발언과 대표의 답변이 교차로 이어졌고, 계획된 3명의 위원들의 발언은 끝났다.

마무리할 시간이었다. 그런데 분위기가 바뀌었다. 예정에 없던 위원들이 앞다퉈 "저도 얘기를 해도 되겠습니까?" 하고 물었다. 대표는 "할 말 있으면 다 얘기하십시오"라고 대답했다. 그렇게 참석했던 위원들 모두 속에 담아 두었던 건의 사항과 본인들의 의견을 다 얘기했다. 대표는 꼼꼼히 메모해 가며 질문에 답했고, 분위기는 난상토론을 방불케 했다.
간담회는 원래 예정 시간 한 시간을 훌쩍 넘겨 두 시간 반을 하고 낮 12시 반이 넘어서야 마무리됐다. 사실 끝이 날 기미가 보이지 않자 사회자가 몇 번을 요청한 끝에 마무리할 수 있었다.

경총 위원들은 대표님과 더 많은 얘기를 하고 싶다고 대놓고 말했다. "그럼 끝내야 한다니까, 밥 먹으면서 마저 얘기 나누시죠." 토론은 점심 식사 자리로 옮겨 이어졌다. 모두 점심은 먹는 둥 마는 둥 의견을 말하기 바빴다. 끝없이 이어진 토론으로 식사 이후 일정을 조금 미뤄야 했다.

그때 경총 위원이 한 발언을 나는 생생히 기억한다.
"이런 말씀을 드려도 되는지 모르겠지만, 원래 제가 이런 자리는 여러 번 와봤는데, 이렇게 진지하게 토론을 하는 분도 처음이고, 우리와 말이 통하는 정치인은 처음 본 것 같습니다. 처음에는 의례적으로 사진만 찍고 가는 행사인 줄 알았는데, 이렇게 토론을 해보니 이재명 대표님을 다시 보게 되었습니다. 그리고 경제에 대해서 정말 해박한 지식을 가지고 계신다는데 정말 많이 놀랐습니다."
내 바로 앞에 앉아 있었던 한 위원도 비슷한 얘기를 했다. 이재명 대표님을 다시 보게 됐다며 "왜 그렇게 이재명, 이재명 하는 줄 이제야 알 거 같다"고 감탄했다.

나는 왠지 모를 뭉클함을 느꼈다. 대표는 가식적인 행동을 싫어하고 연출된 행동을 전혀 하지 못한다. 그런 대표의 성격 탓에 진솔하고 인간적인 그의 매력을 대중에게 알리고 싶었지만, 애를 먹고 있었다. 이제까지 대표를 잘 몰랐다는 생각이 들었다. 나는 이 간담회를 기점으로 대표의 어떤 매력을 부각시켜야 할지 분명히 알게 되었다.

이재명 대표를 10분 보면 '그냥 정치인', 30분 보면 '말 잘하는 정치인', 60분 보면 '말이 통하는 정치인', 1시간 이상을 얘기해 보면 '좋은 정치인'으로 인식된다는 사실을 깨달았다. 이때부터 일정을 조금 줄이더라도 간담회와 같은 자리는 최대한 길게 잡기 위해 노력했다.
뻔한 인사말, 무난한 발언, 정해진 순서대로 진행했더라도 무리 없이 넘어갈 수 있었다. 하지만 대표는 실질적 답을 찾는 토론을 선택했다. 흉내 내서 되는 일이 아니었다. 그때 나는 유능함이라는 말로는 다 설명되지 않는, 어떤 단단한 자신감을 보았다. 나는 그것을 진정성이라 생각했다.

흔히 우리는 진정성이란 말을 너무 쉽게 쓴다. 하지만 모호하고 추상적인 그 단어가, 책임감을 바탕에 둔 준비와 실질적인 해결 의지를 지닌 그의 태도 속에서야 비로소 명확해졌다. 그리고 그 진정성은 이후 유세 현장에서 국민에게 고스란히 전해졌으리라 믿는다.

## 영남 대형 산불

2025년 3월 26일 오후, 중앙지방법원.

법정 안은 긴장이 감돌았고, 공기조차 무겁게 느껴졌다. 판사는 담담한 목소리로 판결문을 읽어 내려갔다. 나는 재판장에서 판사와 이재명 대표의 얼굴을 번갈아 바라보았다. 길게 느껴졌던 문장의 끝에 마침내 들려온 말, "2심 무죄".

하마터면 소리를 지를 뻔했다. 주먹을 불끈 쥐었고, 뜨거운 것이 눈가를 덮쳤다. 그 순간의 감정은 말로 설명하기 어려웠다. 하지만 내가 감상에 젖어 있을 때가 아니었다. 대표를 챙겨야 했다.

재판이 끝나고 대표에게 고생하셨다고 말하자 대표는 약간 상기된 얼굴로 고개를 끄덕였고, 고맙다 말하는 듯한 옅은 미소를 지었다. 큰 산 하나를 넘어온 사람의 얼굴이었다. 하지만 그 표정은 그리 오래 머무르지 않았다. 그는 다른 곳을 보고 있는 듯했다. 아마 그는 다음 해야 할 일을 생각했을 것이다. 재판정을 나서자 우리 당 의원 70~80명이 기다리고 있었다. 박수와 환대, 껴안음과 눈물바다. 누구도 말을 하진 않았지만, 모두 서로를 위로했다. 오래 눌러왔던 걱정과 응어리를 풀어놓고 있었다.

대표와 함께 차에 올랐을 때 그가 말했다.
"안동으로 갑시다."
"네? 아… 네."
재판정을 나올 때 생각에 잠긴 듯한 모습이 이제 이해가 됐다. 그는 본인의 재판 중에도 영남 지역에 닥친 대형 산불 피해를 계속 생각하고 있었던 것 같다. 국가적 재난이 발생했는데 본인의 재판 일정 때문에 발이 묶여 피해 현장을 찾지 못한 데 대해 미안함을 느끼고 있었다.

머뭇거릴 이유가 없었다. 달리는 차 안에서 일정을 대략 정리했다. 긴급하게 연락을 돌려 현장 상황을 파악했다. 처음 내려갈 때 '하루이틀 정도는 버틸 수 있겠지' 하고 생각했다. 하지만 대표는 이틀이 지나고 다음 날에도, 또 다음 날에도 서울로 갈 생각을 하지 않았다. 서울에서 최고위원회의를 열어야 한다는 주장이 설득력이 없었다면, 대표가 언제까지 남아 있었을지 모를 일이었다.

대표는 물론 모든 수행 인원들이 속옷 한 벌, 셔츠 한 장, 세면도구 하나 챙기지 못한 상황이었다. 나흘 동안 정장 단벌 차림이었다. 편의점에서 속옷을 판매한다는 걸 처음 알게 됐다. 그러나 피해 주민들을 만나는 순간순간 그런 불편은 머릿속에서 지워져 갔다.

현장엔 아직 불길이 잡히지 않았고 앞산 멀지 않은 곳에서 시커먼 연기가 무섭게 피어올랐다. 그는 주민들을 만나 손을 잡고 오랫동안 이야기를 들었다. 정치인은 이미지가 아니라 체온으로 기억된다는 걸, 그의 행동이 증명하고 있었다. 사람들은 '2심 무죄'라는 재판 결과에 더 주목했다. 하지만 내가 곁에서 본 건 무죄 판결 직후 곧장 화마의 현장으로 달려간 리더의 뒷모습이었다. 그는 한 치의 망설임도 없었다. 그 길은 뜨거우면서 차가웠다. 재의(再議)가 없는, 이미 결정된 책임을 향해 나아간 듯 보였다.

## 울산 동구 유세, 첫 번째

2025년 6월 1일, 울산 동구 유세 일정이 잡혔다. 울산에서 대통령 후보가 유세를 하는 것도 흔치 않은데, 그중에서도 울산 동구에 여·야를 막론하고 후보가 들어오는 건 처음 있는 일이었다. 적어도 내 기억으로는 그랬다. 그 소식이 전해지자 민주당 울산시당은 들썩였다. 동구가 선택되었다는 사실만으로도 우리 지역위원회 식구들은 벅차올랐다.

안동-울산 동구-부산으로 이어지는 동선이었다. 그런데 대구를 유세 일정에서 뺄 것인지 말 것인지 판단해야 했다. 거리와 시간을 고려할 때 대구 유세를 넣는다면 울산 동구를 제

외할 수밖에 없는 상황이었다. 일정표 하나를 놓고 몇 번이나 거듭 계산했다. 하지만 시간과 물리적 제약 앞에서는 결국 선택이 필요했다. 고민이 깊었다. 수행실장으로서 합리적인 판단으로 조언해야 했다. 아무리 생각해도 대구를 빼고 울산 동구를 갈 수는 없었다.

    나는 후보에게 말했다.
"대구는 가서야 합니다. 울산 동구는 빼는 것이 좋겠습니다."
후보는 고개를 끄덕이며 말했다.
"음, 다 가면 되는 거 아닌가요?"
나라고 내 지역구인데, 왜 가고 싶지 않겠나. 그날만큼은 전체를 봐야 한다고 생각했다. 내 욕심을 채울 수는 없었다. 모든 상황을 고려할 때 다 간다는 것은 사실상 불가능했다.
"시간상 도저히 불가능합니다."
그때 후보가 다시 말했다.
"점심, 저녁 식사 시간 빼고 갑시다."
내 안에서 뜨거운 것이 훅 올라왔다. 감동이었다. 모든 계산이 무의미했다.

그렇게 해서 이뤄진 울산 동구 유세였다. 경찰 추산 5,000여 명이 모였다. 작업복 차림의 노동자들, 청년들, 손주를 데리고 나온 할머니까지 한데 모였다. 울산 동구에서 1987년 노동자 대투쟁 이후 가장 많은 인파라는 이야기도 들렸다. 정당 행사라기보다는 지역 축제 같은 열기였다. 무대 밑에서 상황을 지켜보던 나도 놀랐지만, 후보의 얼굴에도 숨길 수 없는 기쁨이 묻어났다. 후보는 대본도 없이 시간을 잊은 채 군중과 호흡했다.
예정된 30분 연설은 점점 길어져서 한 시간 가까이 이어졌다. 그는 자신의 언어에 울산 동구의 역사를, 열망을 실어내고 있었다. 유세가 끝난 뒤 후보는 마치 에너지를 쏟아낸 사람이 아니라, 오히려 에너지를 받고 돌아가는 사람처럼 보였다. 연설이 끝나고도 한참을 사람들과 인사를 이어갔다.

  때로는 말보다 행동이 중요할 때가 있다. 계산이 서는 정무적 판단보다 사람을 우선하는 결정이 더 나은 결과를 낳는 모습을 종종 목격한다. 나는 이때 후보의 판단을 그렇게 보았다. 정치는 늘 계산으로 움직이는 것 같지만, 어떤 날은 무리가 되더라도 꼭 가야 하는 자리가 있다. 사람을 우선하는 결정이 오히려 더 큰 성과를 만들어 내고, 가장 큰 울림을 만들어 낸다고 생각한다. 그날 울산에서 우리는 그런 이재명의 정치를 봤다.

"점심, 저녁 식사 시간 빼고 갑시다."
그 한마디는 시간표가 아닌 진심으로 움직이는 한 정치인의 결정이 무엇을 만들어 낼 수 있는지를 보여주는 순간이었다. 시간이 한참 흐른 뒤에도, 울산 사람들은 그날의 유세를 기억할 것이다. 소위 말하는 험지, 목마름에 대한 응답이었기 때문이다.

## 잠행

2024년 12월 3일 윤석열의 비상계엄 이후, 여의도 국회 앞 거리는 매일 저녁 윤석열 탄핵을 외치는 인파로 붐볐다. 국회 담 주변에는 밤을 지새우는 이들도 생겨났다. 최고위원들과 저녁 식사 후, 대표가 말했다.

"오늘 밤에 여의도 주변 집회 현장에 나가 봅시다."

분위기는 잠시 정적에 휩싸였다.

"대표님, 아무래도 안전상의 문제가 있습니다. 안 가시는 게 좋다는 판단입니다."

최고위원들 대부분이 같은 의견이었다.

사실이 그랬다. 아무리 얼굴을 가린다 해도 인파 속에서 대표를 알아보는 사람이 나올 수밖에 없고, 혹여 돌발 상황이 발생하면 통제가 어려웠다. 반가워하는 분들이 다수겠지만 무엇보다 안전의 문제가 컸다.

"그냥 조용히 다녀올게요. 정식으로 참석하는 게 아니라."

"그래도 티가 날 텐데요. 경호하는 분들이 있어서, 잠행 자체가 어렵습니다."

"그럼 김태선 수행실장이랑 둘이 가면 되죠."

그렇게 잠행이 시작됐다. 저녁 7시가 조금 넘은 시각. 국회 밖으로 나섰다. 대표는 모자에 마스크를 쓰고 얼굴을 가렸다. 나야 알아보는 사람들이 많지 않아 큰 문제는 없었다. 물론 경호하는 분들은 일정 거리를 두고 붙었다. 직접 집회 분위기를 확인하고 싶다는 마음도 있었겠지만, 대표에게는 이럴 때일수록 국민과 함께 있어야 한다는 당위성의 문제였을 것이다.

얼굴을 가렸지만 대표를 알아보고 사진 찍자 하는 분들도 간혹 있었다. 나는 상황을 설명하고 정중히 양해를 구했다. 그렇게 집회가 끝나갈 때까지 여기저기 돌아보며 '은밀히' 국민과 함께했다.

집회가 마무리될 때쯤 국회로 돌아오는데, 대표가 국회 주변 담벼락을 돌아보자 했다. 국회를 지키는 시민들이 있었기 때문이다. 눈이 내려 말 그대로 엄동설한이었는데, 바닥에 담요 하나씩 깔고 앉아 있는 분들이 눈에 들어왔다. 국회가 또다시 침탈당하면 안 된다고, 그대로 밤을 지새울 기세였다.
"김 실장, 여기 우리 민주당 천막 몇 개 설치합시다."
그렇게 국회 담벼락 앞에 천막 3동이 설치됐다. 오가는 시민들이 잠시 몸을 녹일 수 있고, 밤을 새우는 분들에게는 바람을 막아줄 따뜻한 휴식처가 되었다. 대표의 잠행은 이후에도 계속되었다.

대부분 정치인은 군중의 환호 속에 서고 싶어 한다. 꼭 정치인이 아니더라도 자신을 반겨줄 것이 분명한 자리, 박수와 함성으로 빛날 수 있는 상황에서 자신을 드러내고 싶은 것은 사람의 본능일지도 모른다. 하지만 대표는 조용히 잠행을 이어갔다. 누군가 알아봐도 사진 한 장 남기지 않았다. 질서정연하고 평화롭게 이어지는 집회의 흐름이 자신으로 인해 흐트러질까 극도로 조심스러워했다.

언젠가 대표가 내게 했던 말이 있다. "정치인은 국민과 함께 호흡해야 한다." 무언가를 보여주기보다는 지켜보고, 개입하기보다는 곁에 머무는 것이 필요할 때가 있다. 말없는 동행으로 함께하고자 한 그의 잠행처럼 말이다.

## 집단지성을 믿는 민주주의자

저녁 6시, 여의도의 한 식당.

최고위원들과 핵심 당직자들이 테이블에 앉았다. 의제는 하나, '최상목 탄핵'.

"최상목 대행 탄핵 관련해서 의견들 주시죠."

이재명 대표가 화두를 꺼내자마자 강경파들이 앞다투어 말을 이었다.

"당장 탄핵해야 합니다."

"더 기다릴 이유가 없습니다."

다수였던 강경파의 기세는 셌고, 단호한 목소리에 분위기는 자연스레 기울어 갔다. 온건파는 침묵했다. 다수가 흐름을 잡은 회의에서는 반대 의견을 꺼내기가 쉽지 않다. 침묵 속에서 생각은 눈치를 본다.

저녁 8시.
"그럼, 탄핵하는 걸로 해도 되겠죠?"
쉽게 결론이 날 것 같았다. 분위기는 그렇게 흘러가고 있었다.
그때 대표가 한마디를 덧붙였다.
"아직 말씀 안 하신 분들이 있는데, 분위기 때문인가요? ○○○ 의원, 말씀해 보세요."
순서를 정리하는 말이 아니었다. 대표는 항상 결론을 내리기 전, 반대편에 서 있는 이의 의견을 확인한다. 그게 이재명 스타일이다.
숨죽이고 있던 온건파가 발언하기 시작했다. 두세 명이 조심스럽게 우려를 밝혔다.
"지금 탄핵을 강행하면, 오히려 프레임에 갇힐 수 있습니다."
토론은 격렬했다. 대표는 고개를 끄덕이기도 했고, 수긍이 가지 않는 주장에는 날카롭게 질문을 던졌다.

ⓒ 더불어민주당

밤 11시.

"그럼 이번은 그냥 넘기는 게 좋겠네요. 탄핵은 다시 생각해 봅시다."

대표가 내린 결론이었다. 며칠 뒤 다시 같은 주제로 토론이 이어졌다. 전과는 다른 국면에서 결국 탄핵 절차에 들어가게 되었다. 그러자 최상목 대행은 스스로 물러나며 끝이 났지만, 그 전의 과정은 이랬다.


혹자는 이재명 대표가 독선적이고 자기주장을 굽히지 않을 것 같다고 말한다. 그러나 내가 곁에서 본 그는 단 한 번도 독선적이지 않았다. 주장을 강하게 밀어붙이지 않았고, 오히려 소수의 목소리를 끝까지 들었다. 합당한 논리면 충분했다. 그는 때로는 설득했고, 때로는 설득당했다.

그는 다수결보다 집단지성의 힘을 믿는 사람이다. 소수의 의견이 수렴되고 존중되어야 다수결이라는 결론도 의미를 갖는다고 생각하는 듯했다. 그것이 그의 민주주의다. 정치는 결과도 중요하지만 그 결과에 이르는 과정이 똑같이 중요하다. 이날 회의는 그 과정이 빛났던 날이었다. 나는 이날의 대화를,

한 정당의 리더십이 작동하는 방식이자 민주주의가 움직이는 장면으로 기억한다.

참고로 한 가지 더, 이재명 대표는 회의 자리에서 두 사람이 동시에 말하는 걸 극도로 싫어한다. 그럴 땐 "이 이야기 끝나고 말씀하세요" 하고 무안을 주기도 한다. 별것 아닌 것 같지만, 그만큼 우리가 하는 일에서 회의는 중요하다. 회의의 질서를 지키려는 모습에서 리더의 품격이 드러난다.

# 말 한마디의
# 무게

이동 중 후보는 늘 무언가에 몰두해 있다. 차 안이라고 해서 쉬는 법이 없다. 보통은 연설 원고를 꺼낸다. 빨간 펜으로 줄을 긋고, 메모를 달아 꼼꼼히 수정한다. 수정할 게 많다 싶으면 노트북을 꺼내 아예 처음부터 다시 고쳐 쓰기도 한다. 미심쩍은 통계나 인용이 보이면 바로 전화를 걸어 확인한다. 심지어 차 안에 이동식 프린터도 챙겨 다닌다. 필요하면 바로 출력해 읽고 고치고 또 고치는 과정의 반복이다. 그렇게 후보는 단 한 줄의 글도 허투루 쓰지 않는다.

때로는 생각에 잠겼다가 아무런 예고 없이 내게 질문을 던진다.

"반도체특별법 노동시간 적용 예외 규정과 관련해, 연구개발 분야의 고소득 전문가들이 본인 스스로 동의를 할 때, '몰아서 일하게 해주자는 게 왜 안 되는지' 나는 솔직히 잘 이해가 안 돼요. 김 실장은 이해가 돼요?"

솔직히 노동계는 반발하지만 경영계 입장을 이해한다는 취지다. 그러면서 정반대의 입장을 또 묻는다.

"몰아서 일하게 하면, 특근수당에 야근수당, 혹시 주말이면 주말수당까지 돈을 더 줘야지. 이 돈 더 주기 싫어서 계속 다른 방법을 찾는 거 아니에요? 우리나라에서 초일류 기업을 경영하는 사람들이 고작 돈 몇 푼 덜 주려고 이런 법까지 요구하는 거 혹시 이해가 됩니까?"

늘 그래왔다. 몰라서 묻는 게 아니다. 우리 당이 추진하는 정책 또는 본인의 생각과 정반대 입장의 논리를 꺼낸다. 그리고 열띤 토론을 벌인다. 우리 정책이 우위에 있다면, 긍정적 결과를 예상한다면, 논리와 근거로 증명해야 한다.

노동시간을 늘리는 게 타당한 이유가 있는지, 고작 노동자 임금 줄이려고 하는 건 아닌지, 각 상대의 입장이 되어 논리를 전개한다. 그리고 자신이 아는 것, 자신이 생각한 것이 절대적으로 옳다 단정 짓지 않는다. 토론하고 또 토론하며 논리를 더 단단하게 만들어 나간다.

이럴 때 실제 후보의 생각과 같은 입장인 사람은 반대편 입장에 선 후보를 논리적으로 설득하기 위해 진땀을 뺀다. 설득되고 나면 후보는 눈빛을 반짝이며 아주 만족스러워한다. 이런 토론은 비단 차 안에서뿐만 아니라 단체 대화방에서도 자주 벌어진다. 그렇게 토론이 끝나면 다시 원고를 펼친다. 유세를 마친 밤, 고속도로 위에서도 그는 메시지를 다듬었다.
한번은 내가 물은 적이 있다.
"그 정도면 충분하지 않을까요?"
그는 고개를 저으며 말했다.
"이 말 한마디로 5천만 국민의 판단 근거가 달라질 수 있어요. 그 생각에 미래가 바뀔 수 있습니다. 내 한마디 한마디가 모두 우리 국민의 미래를 좌지우지할 수 있다고 생각하면, 이쯤 하면 됐다는 말은 못 할 것 같아요."

정치인의 말은 곧 정책이고, 그 정책은 국민과 하는 약속이다. 말의 끝은 누군가의 삶과 닿아 있을 수 있다. 모두가 그것을 생각하고 살아가지는 않을지라도, 적어도 정치를 하는 우리만큼은 그래야 한다. 그래서 단 한 줄도 허투루 쓸 수 없다. 집요하게 공부하고, 따져 보고, 다시 확인하고, 또 다듬는다. 그렇게 끊임없이 갈고 닦는 사람, 이재명이란 사람이다.

〚 2장 〛

# 사람, 이재명

사람의 결이
정치의 진심이
된다

진심은 거창한 말보다 일상의 디테일에서 먼저 드러난다. 굽은 왼팔은 이재명이란 사람이 지나온 삶의 궤적이다. 단 한 번도 편한 길을 택하지 않았던 그는 어떤 상황에서도 쉽게 흔들리지 않는 근성을 지녔다. 무뚝뚝하지만 꾸밈없이 다가가고, 진심에서 우러나오지 않으면 한 발자국도 움직이지 못한다. 모르는 것을 부끄러워하지 않고, 끊임없이 묻고 배우며 성장한다. 그래서 그는 투명하다. 그런 삶의 태도가 그의 정치에도 고스란히 녹아 있다.

2장에는 정치인 이재명 뒤에 숨겨진 '사람 이재명'의 결을 담았다.

## 굽은 팔과 땀

15시 30분, 용인 유세를 마치고 남양주로 향하는 길에 잠시 휴게소에 들렀다. 말없이 차량에서 내려 화장실로 향하는 후보의 뒷모습. 방탄복을 벗은 후보의 셔츠는 땀으로 흠뻑 젖어 있었다.

요즘 같은 날씨에 방탄복은 고역이었다. 벌써 낮 기온은 한여름을 방불케 했다. 다니는 곳마다 군중은 열기를 내뿜었다. 몇 시간씩 입고 있어야 하는 일정 속에서 땀은 빠져나갈 구멍을 찾지 못한 채 셔츠와 속옷을 적셨다.

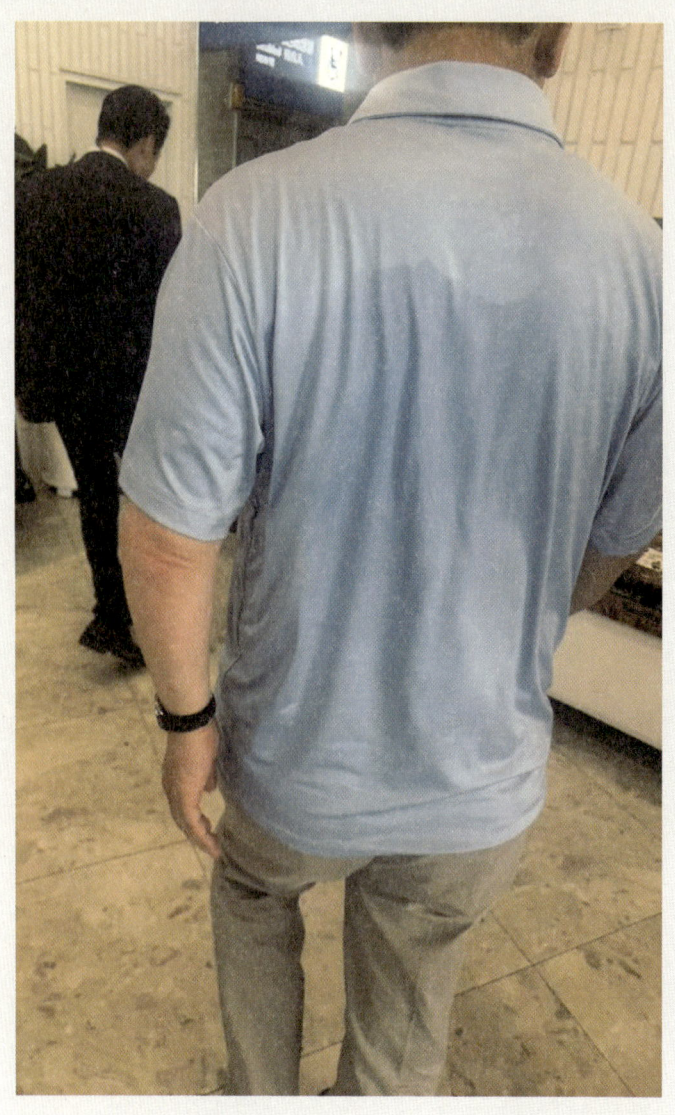

내게도 방탄복이 있다. 혹시나 모를 사고에 대비하라고 한준호 최고위원과 박주민 의원 등이 돈을 모아 내게 선물한 것이다. 하지만 나는 그 방탄복을 하루도 입지 못했다. 생각했던 것보다 훨씬 두껍고 무거웠다. 움직일 때마다 몸을 옥죄고 숨이 막혀 오는 것을 느꼈다.

활기 넘치는 후보를 볼 때 나는 이따금 그 방탄복의 무게를 떠올렸다. 내가 잠시 느껴본 물리적인 무게와는 차원이 다른 그 무게를 생각하면 질식할 것만 같았다.

오늘따라 후보의 왼팔이 유독 눈에 들어왔다. 자유롭지 못한 팔이었다. 어릴 적 공장에서 일하다 다쳤지만, 제때 치료받지 못해 굳어버린 팔이다. 가끔 유세나 방송 전, 셔츠 깃을 정리하거나 마이크를 조정할 때면 나도 모르게 먼저 손이 가곤 했다.

후보는 지금도 셔츠 깃을 오른손으로만 다듬고, 넥타이를 맬 때도 오른손만 쓴다. 몸 상태가 좋지 않거나 체력이 눈에 띄게 떨어져 보일 때면 굽은 왼팔로 자꾸만 눈이 갔다.

최근 유세 시간이 계속 늘고 있다. 나는 일정마다 유세 시간을 줄이자고 여러 번 조언했지만, 후보는 늘 같은 말로 답했다.

"저 멀리서 이재명을 외쳐주는 사람들이 있는데, 어떻게 10분, 20분 하고 떠나나."

유세 현장은 대부분 천막도, 차양도 없다. 무대 연단에 서면 군중의 끝이 새하얗게 보였다. 땡볕 아래 잘 보이지도 않는 저 끝에서 자리를 뜨지 않고 듣고 있는 분들이 계신다. 한두 시간 전부터 저 자리에서 쏟아지는 태양을 손으로 가린 채 서 계신 그분들은 아마도 속으로 이렇게 묻고 있었을 것이다. '이번엔 정말 희망을 가져도 될까?'

후보는 그런 의문에 확신을 드리고 싶어 했다. 참혹한 현실은 정치의 불신을 낳는다. 하지만 우리의 삶을 정치와 떼어놓을 수가 없다. 자신의 마음이 단 한 사람에게라도 더 가서 닿기를 바라는 후보의 마음이 그의 젖은 셔츠에 고스란히 녹아 있었다.

유세가 길어지기 시작하면 나는 후보와 눈을 마주치기 위해서 조용히 무대 앞으로 이동한다. 내 눈은 '이제 그만'을 말하지만 후보의 눈은 언제나 저 멀리 국민을 보고 있다.

굽은 팔은 이재명이란 사람이 살아온 삶의 궤적이다. 순탄치 않았던 그의 삶에는 우리 서민이 겪어온 삶의 고통과 애환이 배어 있다. 나는 그를 두고 가장 국민을 닮은 후보라는 말을 자주 하곤 했다. 매일 흠뻑 젖는 셔츠에도 불평 한마디, 힘든 내색 한번 없는 그를 보면서, 정치는 대화와 타협의 예술이 아니라 행동의 예술이 아닐까 하는 생각을 했다. 꽉 막힌 현안의 해결을 위해 움직이고 사람과 사람을 연결하고 또 함께 싸우고 견디는 행위가 고고해 보이는 대화와 타협이란 말보다 먼저 이야기돼야 하지 않을까 생각해 보았다.
언젠가 누가 내게 이재명이란 사람은 어떤 정치인이었느냐고 묻는다면, 나는 그의 굽은 팔과 땀을 이야기할 것이다.

# 그래서
# 오히려 투명한 사람

일정이 빡빡한 날. 후보와 나는 도보로 바쁘게 이동 중이었다. 뒤에서 누가 따라오면서 소리쳤다. "대표님, 사진 한 장만 부탁드려요." 그 소리를 들었는지 못 들었는지 후보는 계속 뛰었다. 나는 너무 바빠 그럴 정신이 없다고 생각하고 함께 뛰어갔다. 그때 후보가 뒤를 돌아보며 "빨리 오세요!"라고 말했다. 그리고는 시민에게 손을 내밀었다.

보통의 정치인들에게 사진을 찍자고 하면 옆에 서서 활짝 웃으며 포즈를 취한다. 이재명은 다른 정치인들과 다르게 직접 셀카를 찍는다. 그날, 뒤따라온 시민의 휴대폰을 받아 잠시 서서 함께 셀카를 찍어드리고 다시 뛰어갔다. 유세 현장마다 후보는 언제나 능숙한 솜씨로 셀카를 찍었다. 그럴 때마다 나는 우스갯소리로 '쩐 실용주의'라 말했다. 생각하기에 따라 무뚝뚝한 듯 느껴질지도 모르겠다. 하지만 내가 보기에는 누구보다 따뜻한 모습이 아닐까 싶다.

이건 사족인데, 후보와 셀카를 찍고 싶다면 이렇게 해보시라.
하나, 후보보다 앞에서 셀카 자세를 취한다.
둘, 아이들의 요청은 거의 무적이다.
셋, 반려견과 함께라면 성공 확률이 더 높다.

순천 유세가 끝난 뒤, 내가 차 안에서 물었다.
"후보님, 유세 중에 큰절은 처음이죠?"
"네, 오늘 절이 절로 나오던 걸요."
후보는 정치인이 절하는 것을 좋아하지 않는다. 쇼라고 느껴지기 때문이다. 자신에게 너무 깍듯하게(90도로) 인사하는 것도 지나치다고 달가워하지 않았다. 후보에게 잘 보이기 위해서 아첨하는 사람, 무조건 편을 드는 예스맨도 꺼린다. 오히려 자기 의견을 뚜렷하게 말하고 자신에 맞서 논리적으로 자신을 설득할 수 있는 사람을 가까이 두고 싶어 한다.

세상에 굳이 쓴소리를 듣고 싶어 하는 사람은 없다. 정치인 역시 사람이다. 후보도 마찬가지일 것이다. 하지만 후보는 쓴소리를 들어야 한다고 말한다. 그래야 정치가 올바른 방향으로 돌아간다고 믿는다. 그래서 후보와 가까운 사람으로 분류되는 분 중에는 쓴소리를 잘하는 이른바 '레드팀'이 있다. 정성호, 김영진, 진성준 의원 등이 대표적인 이재명의 레드팀이다. 후보는 대통령실 산하에 가칭 '쓴소리 위원회'를 만들고 싶다고 했다.

다시 돌아와 그런 후보가 순천에서 큰절한 이야기를 마쳐야겠다. 순천 유세 현장에는 비가 많이 내렸다. 모르긴 해도 현장에 나온 분들은 최소 한 시간 전에 모이셨을 것이다. 그날은 우산을 펴야 해서 조금씩 가까이 다가서지도 못하고 앞이 잘 보이지도 않는 상황이었다. 빗줄기가 점점 거세졌다. 그

러나 그 우산 행렬은 미동도 없었다. 저 뒤편에 계신 분들은 제대로 보이지도 않았을 텐데, 비를 맞으며 끝까지 자리를 지켜 주신 걸 생각하니 너무 벅차서 자신도 모르게 큰절을 하게 됐다고 했다.

모든 지역에서의 순간들이 다 소중하지만 순천에서는 후보도 나도 특별한 경험을 했다. 나는 시민들이 어떤 생각으로 그 자리를 지켰는지, 함부로 추측하고 정의 내리고 싶지 않다. 그저 그 공기 대부분은 절실함으로 이뤄져 있었다는 것, 시민들에게도 후보에게도.

이재명이란 사람, 무뚝뚝하다. 겉으론 전혀 살갑게 느껴지지 않는다. 혹자들은 정치인에게 쇼맨십이 필요하다고 말한다. 하지만 진심에서 우러나지 않으면 한 발자국도 움직이지 못한다. 그래서 오히려 투명한 사람, 이재명이다.

## 과잉이 결핍을
## 잠식하지 않도록

국회 앞에 자주 가는 식당이 있다. 정갈한 한상차림으로 유명한 곳인데, 후보는 이 집 음식을 특히 좋아한다. 사장님은 후보의 열혈 팬이다. 후보가 온다고 하면 반가워서 버선발로 나올 기세다.

요리를 하나 주문하면 매번 추가로 다른 메뉴까지 가져오신다. 가령 조림 하나를 시키면 구이가 따라오고, 볶음을 시키면 탕이 추가된다. 이러지 마시라고 손사래를 쳐보지만, 사장님은 늘 웃으며 말씀한다.

"후보님, 기운 내셔야죠. 많이 드시고, 꼭 대통령이 되셔야 합니다."

늘 후보의 건강을 챙기며 몸에 좋다는 건 다 내줄 태세다. 말리는 것도 한두 번이지 정말 두 손 두 발 다 들었다.

문제는 양이 너무 많다는 데 있다. 한 상 가득 쌓이는 음식 앞에서 후보는 늘 말한다. "음식 남기면 안 되는데, 이렇게 많이 주시면 제가 곤란합니다. 제발 조금만 주세요. 계속 이러시면 정말 안 옵니다." 그것은 으레 하는 말이 아니었다. 한번은 후보가 정말 배가 별로 안 고프다며, "거긴 너무 많이 주니까 오늘은 다른 데 갑시다" 했다.

사장님의 정성이 고마우면서도, 마음 한편에 불편함이 쌓였던 것이다. 이재명은 음식 남기는 것을 극도로 싫어하는 사람이다. 어릴 적 동네 시장에서 배추 밑동이나 시들시들한 잎을 주워다 물에 씻어 먹었던 기억을 이야기한 적 있다. 양념장 하나 찍어 먹는 게 얼마나 귀한 줄 모른다고 했다. 어쩌면 후보에겐 음식을 먹을 때마다 생존의 기억이 불쑥 떠오를지도 모르겠다는 생각이 들었다.

그래서일까? 후보는 식사를 마치고도 한동안 젓가락을 손에서 놓지 않는다. 밥알 한 톨, 반찬 한 점까지 남기지 않으려 애쓴다. "나처럼 굶어 본 사람은 음식 함부로 못 남겨요." 담담하게 웃으며 하는 말에 짠함이 있다.

식당을 나설 때면 늘 같은 인사를 한다. "정말 감사합니다. 다음엔 꼭 먹을 만큼만 주세요." 정말 진심 어린 당부를 사장님도 알겠지만, 다음에 찾을 때 언제 그랬냐는 듯 사장님의 마음은 넘친다. 둘 다 각자의 사정으로 마음이 충돌한다.


후보의 그런 삶의 태도는 비단 음식 앞에서만 드러나는 게 아니다. 그는 무엇이 되었든 늘 필요한 만큼만 가지려 애쓴다. 당 대표를 역임하고 대선 후보가 되어 큰 권한과 그에 따르는 지원이 있더라도, 그는 조금도 이를 허투루 쓰지 않기 위해 애쓰는 모습이 역력하다.

그는 내가 필요 이상으로 많이 가지는 것이 누군가의 몫을 빼앗는 결과일 수 있다는 생각을 내게 말한 적이 있다. 대통령이 되겠다는 뜻도, 어쩌면 과잉이 결핍을 잠식하지 않도록 사회질서를 바꾸겠다는 생각에서 출발하지 않았을까?

절제와 책임감으로 쌓아 올린 그의 삶의 태도에서 권력을 더 높은 공적 책임으로 기능하도록 할 것이란 생각이 들었다. 이재명 정부에서 조금 더 공정한 나라를 기대해 본다.

## 당선된다면
## 어디서 일할까요?

당 대표 시절에는 가끔이었지만, 대통령 후보 시절부터는 집에서 자는 날보다 지역 숙소에서 잠을 자는 날이 많다. 대체로 당 대표나 대선 후보는 지방에서 숙박할 경우, 4성급 정도의 숙소에 머문다. 너무 좋은 숙소를 잡는 것 아니냐고 생각할 수도 있겠지만, 종일 이동하고 많은 국민을 만나야 하는 후보가 최상의 컨디션을 유지해야 하는 측면에서 생각하면 이해될 것이다.

그런데 이재명은 다르다. 소위 숙소의 '급'은 생각하지 않는다. 그가 가장 중요하게 생각하는 숙소 선정 기준은 다음 날 아침 행사장과의 거리다.

강행군에 다들 녹초가 되어 있을 때쯤이었다. 후보가 움직이면 경호를 비롯해 수행 인력이 함께 움직이기 때문에, 최소 20여 명이 한 숙소에 머문다. 그날도 후보가 들어가는 걸 보고 나도 배정된 방에 들어왔다.

"악!" 아무리 시골이라지만, 겉보기와 달리 정말 숙소 안은 참혹했다. 냄새, 화장실, 청소 상태 등 모든 게 불량이었다. 특히 침대는 딱딱해서 매트리스인지 땅바닥인지 알 수 없었다. 게다가 방음 문제까지. 이른 아침부터 움직여야 하는데 후보가 걱정되었다. 제대로 잠을 자지 못하면 하루 일정을 다 망칠 수 있다.

'어떻게 하지' 하는 걱정이 맴돌았다. 그러다 피로가 심해 나도 모르게 잠이 들었다. 아침에 일어나 보니 역시나 몸이 찌뿌둥했다. 얼른 짐을 챙기고 나가 보니, 다들 숙소에 대한 불평, 불만을 늘어놓고 있었다. 걱정스러운 마음으로 후보가 나오기를 기다렸다.

후보가 차에 올랐다. 일정 장소로 가는 길에 물었다.

"간밤에 잘 주무셨어요?"

"네, 잘 잤습니다."

"매트리스 불편하지 않으셨어요? 저를 포함해서 대부분 제대로 잠을 못 잤다더라고요."

"그래요? 저야 뭐, 땅바닥이든 어디든 다 잘 자니까!"

법정 스님의 수필집 《무소유》 중 '비를 피할 수 있고, 잠을 잘 수 있다면 그걸로 족하다'는 구절이 떠올랐다. 다음 일정에 가까운 곳이면 장소를 가리지 않는 후보 덕분에 모텔은 물론이고 무인텔을 이용한 적도 있다. 확실히 잠은 어디서든 참 잘 주무신다.

당선된다면 집무실을 어디로 쓸지 묻는 분들이 많다. 확답할 수는 없지만, 내가 아는 이재명 후보는 용산을 선택할 것이다. (내 예측은 맞았다.) 이유는 간단하다. 불필요한 예산을 쓰지 않아도 되기 때문이다.

숙소를 고르는 것만 봐도 확연히 느낄 수 있는 그런 실용주의라면, 굳이 새 집무실을 만들기보다 용산을 그대로 활용할 것이 분명하다. 물론 보안과 안전 문제를 고려하면 언젠가는 청와대로 돌아갈 수밖에 없겠지만, 그 역시 최소한의 보완만으로 충분하다는 게 후보의 생각일 것이다.

본인의 안락함과 격식은 중요하지 않다. 국민이 잘 자고, 잘 먹고, 잘 사는 것. 그것만 생각하는 사람이 이재명이다. 이재명은 그런 사람이다.

교양 있는
사람

오후 3시 30분, 김천 도민체육대회 농특산품 전시판매장. 지역 특산물을 가득 차려놓은 부스들이 길게 늘어서 있었다. 여기저기서 정겨운 목소리가 발길을 사로잡았다. "맛 한번 보고 가세요." 출출했던 걸까? 후보의 긴 순회 '먹방'이 시작됐다. 사과, 참외, 감, 딸기, 복숭아, 버섯, 마늘즙, 가오리, 곶감, 호박엿, 더덕, 도라지 조청, 약과, 떡, 깨강정….
후보가 하나하나 맛을 보며 얘기를 나누기 시작하자 행사장 분위기도 덩달아 들떴다. "이거 진짜 다네요. 직접 농사지으신 거죠? ○○은 ○○로 더 유명한 거 아니에요?" 산지에 관한 상식을 풀어놓으며 아는 상식을 꺼내 질문을 했다. 행정의 경험에 비추어 지역 상인, 함께 나온 공무원들과 대화를 이어가는 그의 모습은 시종일관 진지하면서도 유쾌했다.

주변에 사람들이 모여들었고 당연히 카메라도 따라붙었다. 가는 곳마다 관심이 집중되는 것을 아는 후보는 자신이 먹는 것이 곧 홍보라고 생각한 것 같았다. 처음엔 홍보용 맛보기용 음식을 먹다가 갈수록 지갑이 열렸다.
하지만 한계에 다다르고 있었다. "후보님, 이것도 드셔보세요! 저희가 직접 만든 겁니다." 정성 어린 권유는 계속됐고, 후보는 미소 지으며 계속 먹었다. 그러다 안색이 살짝 변하는 걸 보며, 나는 속으로 '이제 진짜 한계다' 싶었다. 결국 ○○지역 부스 앞에선 손을 살짝 들어 보였다.
그렇게 지나치나 싶었지만, 후보는 결국 발길을 돌려 다시 그 부스 안으로 들어갔다. 더는 먹을 수 없으니 상품을 들고 사진을 찍고, 계신 분들과 사진을 남겼다. 못 먹는 게 미안해 뭐라도 한마디 더 하려는 모습이 역력했다. 이날 후보는 전문 리포터를 방불케 해 가는 곳마다 사람들은 한바탕 웃음을 터뜨렸다.

사람들에게 이재명이란 사람에게 갖는 이미지를 물어보면, 대체로 그의 강직하고 단호한 모습, 유능하고 냉철한 행정가의 모습을 떠올린다. 그러나 나는 후보의 숨겨진 진짜 매력은 유쾌함이라 생각한다. 그리고 대상이 누구라도 대화에 막힘없는 것 또한 그의 매력이다. 늘 유쾌한 말로 함께 있는 사람을 무장 해제시키고, 누구에게나 어울리는 화제와 편안한 언어로 대화를 이어 간다.

김천에서 후보의 먹방은 단지 분위기가 좋아서 성공이 아니라, 음식에 담긴 땀과 자부심을 높여 주는 진솔한 행위가 따랐기 때문에 성공적이었다. 후보가 먹은 것은 결국 사람의 마음인 것이다.

 대학 시절 '교양'이란 단어에 대해 한 교수님께 들은 말이 있다. 그 말씀이 인상에 남았는지 대략 기억하기로는 다음과 같다.

"교양이란 시대와 세대를 넘어 타인과 소통할 수 있는 능력이다. 따라서 상대를 편안하게 해주는 배려와 예절, 누구나 알아들을 수 있는 보편적 언어와 상식을 갖추어야 한다."

당시에 교양 있는 사람이 되기란 참으로 어려운 일이라는 생각을 했다.

돌아오는 차 안, 비 내리는 김천의 천막 아래에서 이재명이란 사람에게서 교양에 관한 수업을 들었다는 생각이 들었다.

## 모르면 손발이 고생이라니까

차에 타면 제일 먼저 하는 일이 방탄복을 벗는 일이다. 아무리 익숙해져도 방탄복은 여전히 무겁고 불편하다. 그것을 벗으면 땀에 젖은 셔츠가 등과 가슴에 착 달라붙어 있다. 고온 다습한 날씨에 3kg의 방탄복은 땀복이 되고 무게는 체감 두 배가 된다. 평소 찬 바람을 싫어하는 편이라 에어컨도 잘 틀지 않는 후보지만 이때만큼은 예외다. 차에 타자마자 바로 에어컨 온도를 낮춘다.

나는 차에 타면 가장 먼저 시트의 쿨링 기능을 켠다. 빠르게 땀을 식혀주는 기능은 여름철에도 정장을 입어야 하는 내게 꼭 필요하다. 그런데 후보는 쿨링 시트를 사용하지 않고 있었다.

찬 기운을 싫어하니 그런가 보다 하고 지나치려다 혹시나 해서 물었다.
"후보님, 쿨링 버튼 안 누르세요?"
후보는 고개를 갸웃하며 되물었다.
"엥? 그런 게 있어요? 뭘 눌러야 하죠?"
버튼 위치를 알려드리고 내가 직접 눌렀다. 금세 시원해졌음을 시트에 등을 댄 후보의 표정이 말하고 있었다.
"역시 모르면 손발이 고생이라니까. 고마워요, 김 실장!"
후보는 환하게 웃었고 나도 함께 웃었다. 그런데 그 웃음 뒤로 묘한 여운이 남았다. 이 모습이야말로 후보가 가진 또 하나의 매력이다 싶었다.

사람들은 대체로 자신이 뭘 모른다는 걸 숨기고 싶어 한다. 괜히 부족해 보일까 두렵고, 누가 알려주기라도 하면 민망해하거나 불쾌해하는 경우도 있다. 하지만 후보는 달랐다. 모

르는 걸 창피해하지 않는다. 누군가 알려주면 고마워하고 오히려 더 많은 것을 질문한다.

그런 자세가 실수를 두려워하지 않는 용기로, 불편 속에서도 배움을 놓치지 않는 태도로 이어지지 않을까 싶었다. 더 나아가 거대 담론이나 이념에 현혹되지 않고 실용과 실리를 추구하는 이재명의 정치가 되었던 것은 아닐까 하는 생각에까지 이르렀다.

일정을 다니다 보면 현장에서 자주 목격하게 된다. 후보는 새로운 시스템이나 기술이 등장하고 전문가들을 만날 기회가 있을 때 집요하게 물어본다. 절대 형식적인 방문, 행사로 그치는 법이 없다.

정치라는 세계에서 실수는 무능으로, 무지는 결격으로 여겨지기 쉽다. 그래서 많은 이들이 잘 모르는 걸 들키지 않으려 애쓴다. 후보는 아는 척하지 않고, 묻는다. 배우려는 사람의 자세로 다가간다. 모른다는 건 결코 부끄러운 일이 아니라는 것, 알고 싶어 하는 마음은 성장의 다른 이름이라는 것을 후보는 말이 아니라 태도로 보여주는 사람이다.

그날, 땀에 젖은 셔츠로 쿨링 시트에 기대며 활짝 웃던 후보의 모습은 오래도록 기억에 남을 것 같다. '역시 모르면 손발이 고생이라니까'라는 그 한마디에 담긴 솔직함과 웃음 속에서 나는 한 사람의 정치인이 가진 인간적 품성과 용기를 보고 배웠다.

# 안동,
# 어머니의 품 같은 고향

"안동 선산을 찾아 부모님께 인사드리고 싶다."
당내 대통령 후보 경선이 본격화되기 전, 이재명 후보는 비서실에 이렇게 전했다. 선산에 다녀온 지 오래된 것도 아니었고, 일정상 여유가 많지도 않았다. 하지만 선거운동에 앞서 돌아가신 부모님께 인사드리고 싶다는 후보의 의지를 존중해 일정을 조율하기로 했다.

후보의 선산은 행정구역상 경북 봉화군 명호면에 위치해 있다. 지리적으로는 봉화에 속하지만 선산이 자리한 능선 너머로는 안동시와 영주시가 맞닿아 있다. 말 그대로 안동·봉화·영주 세 지역이 품은 경계의 산골인 셈이다. 후보는 묘소 앞에 앉아 풍경을 바라보고 있으면, '막혔던 숨통이 트인다' 했다.

그날도 후보는 부모님 묘소에 절을 올린 뒤 묘지 앞에 앉았다.
"김 실장도 여기 앉아요."
"저 멀리 골짜기 보이죠?"
그가 가리킨 곳에는 깊은 골짜기가 펼쳐져 있었다.
"저기서 제가 초등학교 다닐 때 매일 같이 뛰어다녔어요. 학교까지 한 5km가 넘을까? 빠른 걸음으로 한 시간이 넘게 걸렸으니까. 늘 지각할까 봐 정말 열심히 뛰었죠."
후보는 한동안 말을 멈추었다. 눈앞에 펼쳐진 풍경을 바라보며 그 시절의 기억을 더듬는 듯했다.

"자서전을 보니 어머님에 대한 애틋함이 남다르시던데요. 어떤 분이셨어요?"

질문에 그는 잠시 말없이 생각에 잠기더니 이내 말을 이어갔다.
"여기서 초등학교를 졸업하고 성남으로 이사 가 공장에 다녔어요. 어머니는 중학교 대신 공장으로 출근하는 제가 가여우셨는지 아침마다 내 손을 잡고 공장까지 바래다주셨지요. 지금 생각해 보면 그게…."
어머니는 낮에는 집안일을 하고 밤에는 공중화장실을 지키는 고된 일을 하셨다. 철야 작업을 마치고 돌아오는 새벽이면 봉투를 접으며 아들을 기다리던 어머니의 모습이 아직도 생생하다고 그는 말했다.

그날 후보는 자신의 페이스북에 이렇게 적었다.
"어머니께서 주신 깊은 애정과 오로지 가족을 위해 평생을 다하신 아버지의 묵묵한 책임감이 지금까지 저를 살아올 수 있게 한 '빽'입니다."
참혹했던 환경 속에서도 포기하지 않고 버틸 수 있었던 이유, 죽을 힘을 다해 앞으로 나아갈 수 있었던 의지, 그 모든 원천은 어머니의 따뜻한 격려와 깊은 믿음이었다.

한 사람의 인생은 결코 혼자만의 힘으로 만들어지지 않는다. 그가 걸어온 길의 뒤편에는 언제나 어머니의 그림자와 사랑이 함께 있었다. 그리고 그의 기억 속 안동, 어머니의 품 같은 고향은 지금도 그를 사람답게 숨 쉬게 해주는 뿌리였다.

# 체력과 정신력의 원천

새벽 1시 30분. 모두가 잠든 시각, 후보는 메시지를 보낸다. 주로 현안 파악이나 확인이 필요한 것들이다. 오늘 일정 중에 있었던 현안을 더 자세히 확인하고 싶다거나, 일정과는 관계없지만 순수한 학구열에 불타는 질문인 경우도 있다.

다행인 것은, 당장에 답변을 요구하진 않는다는 점이다. 보통은 아침에 정리해 답변드린다. 아마도 아침부터는 다시 정신없는 하루가 시작되니, 혹시라도 잊어버릴까 싶어 메모처럼 미리 공유해 두는 듯하다.

하지만 늘 묻고 싶은 게 있다. "도대체 잠은 언제 주무시는 겁니까, 후보님."
이런 살인적인 일정에도 새벽까지 깨어 있는 모습을 보면 한 가지는 분명하다. 체력은 타고났다. 후보 본인도 종종 웃으며 말한다. "부모님께서 가난을 물려주셨지만, 그것을 이겨낼 체력을 함께 물려주신 것 같다."

가끔 이동 중 차 안에서 연설문을 읽고 수정한 뒤 잠깐 눈을 붙이는 경우가 있다. 5분에서 10분 정도 쪽잠을 잤을 뿐인데도, 깊은 숙면을 한 사람처럼 피곤한 기색 하나 없이 일정을 소화해 낸다. 그날도 연설문을 수정하다 내게 물었다.
"얼마나 남았죠?"
"10분 정도 남았습니다."
"(하품) 그럼 잠깐 자야겠네."
이제 겨우 10분 남았는데, 잠을 잔다고 하니 놀랄 일 같지만, 눈을 감은 지 10초도 안 돼서 잠들었다. 그리곤 도착 2분 전에 후보를 깨웠는데, 너무나 개운한 얼굴로 "아, 잘 잤다!" 하고 말하는 게 아닌가.

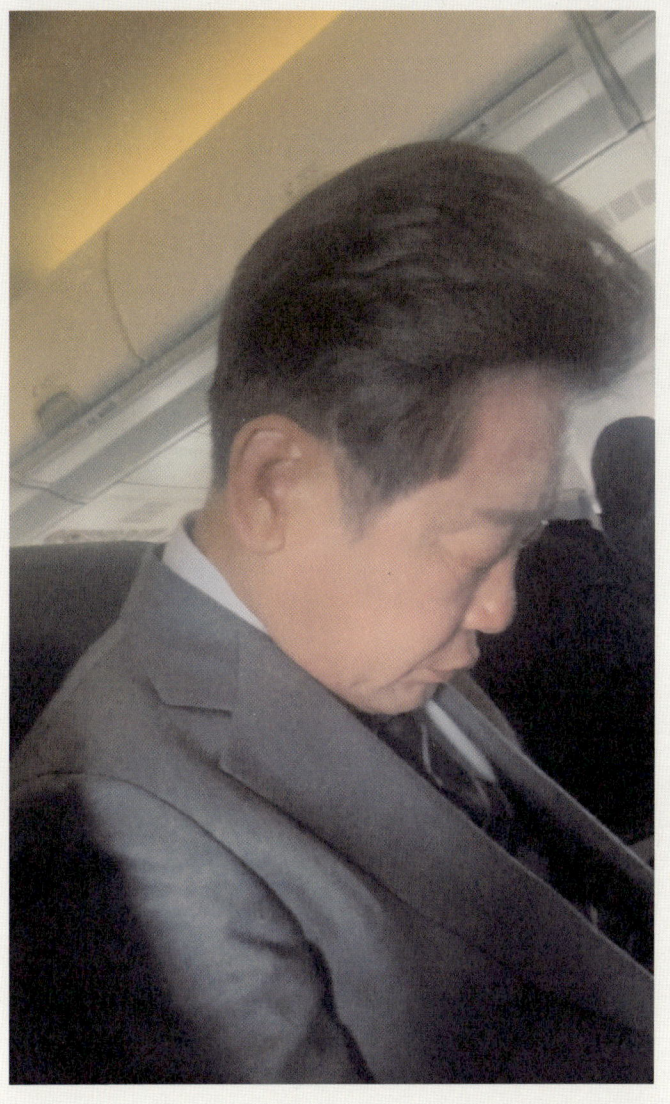

김혜경 여사는 "어릴 때 먹을 게 없어서 산에 있는 건 아무거나 먹었다더니, 혹시 산삼을 많이 드신 거 아닌가 싶어요"라고 우스갯소리를 하기도 했다. 실제로 후보는 영양제 같은 걸 따로 챙겨 드시지도 않는다. 드려도 "이게 효과가 있는 건지는 모르겠어"라고 하신다.

그렇지만 후보라고 왜 힘들지 않겠는가. 매일 살인 일정을 소화하고, 선거의 막바지인 지금쯤 체력이 이미 바닥났을 것이다. 그는 정신력으로 버티고 있는 것일 테다. 나는 그 정신력의 원천이 어린 시절부터 지금까지 단 한 번도 편한 길을 걷지 않았던 사람, 그 치열했던 삶에서 길러진 근성이라 생각한다. 하지만 후보가 주저앉아 쉴 수 없는 더 큰 이유가 있다. 지난 대선에서 조금만 더 표를 얻었더라면 지금 국민이 겪고 있는 고통을 막을 수 있었을 거라는, 그 누구도 대신 짊어질 수 없는 자책. 그 죄책감에서 비롯된 책임감은 마음속에 빚처럼 남아 매일 그를 깨우고, 또 움직이게 만든다.

지금 후보에게 가장 효과 좋은 영양제는 아마 국민의 성원일 것이다. 실제로 유세 현장에서 사람들이 많이 모이면 에너지를 더 받는 듯했다. 연설 시간도 늘어나고, 목소리에 힘이 붙고, 기운도 넘쳐 보였다.

그런 후보를 보며 나는 정치인의 체력은 개인의 체력이 아니라는 생각을 했다. 그것은 국민의 응원, 지지, 기대가 몸에 전해져 비축되는 에너지일지도 모른다. 국민이 주는 그 힘이 지금 이재명이라는 사람을 지탱하고 있다. 그리고 나 역시 그 힘 덕분에 함께 버티고 있다.

〚 3장 〛

# 그 무게를 감당한다는 것

위험을 감수하고,
슬픔을 껴안고,
책임을 짊어지는
정치

정치의 무게는 위기의 순간에 드러난다. 때로는 누군가의 절박함을 껴안는 분노가, 때로는 주저 없는 결단이 필요하다.

내란의 밤, 국회 안과 밖에서 모두가 기적을 만들어 내던 그 순간, 마지막을 예감하며 전열을 정비해 두고자 했던 이재명의 의연함이 있었다. 그가 착용한 방탄복과 운동화, 유세장에 등장한 방탄유리는 한국 정치가 마주한 잔혹한 현실을 비추고 있었다.

속초에서 온 편지에는 故 양희동 열사가 바란 '모두가 저녁 있는 삶'이 담겨 있었다. 2025년 7월 대통령실은 사회적 참사 유가족(세월호, 이태원, 오송, 제주항공 등)들에게 공식 사과했다. 정말 오랜 시간이 걸렸다.

3장에는 '정치인 이재명'의 초상을 넘어, 정치가 직면한 무거운 현실을 담았다. 그 무게에 누군가의 삶이 달려 있기 때문이다.

## 12월 3일
## 밤

국회 앞 식당에서 늦은 저녁을 먹고 있었다. 밤 10시가 조금 넘은 시간, 한 기자에게서 문자가 왔다. '대통령 긴급담화 발표.' '무슨 대단한 일이라고 이 시간에 담화를 발표하지?' 하고 생각하며 슬쩍 보고 넘겼다.

다른 기자들에게서도 같은 문자를 받고 나서야 '도대체, 뭐지?' 하고 동영상을 클릭했다. 실시간 방송엔 대통령 마크가 달린 포디움만 덩그러니 놓여 있었다.

"저는 북한 공산 세력의 위협으로부터 자유대한민국을 수호하고 우리 국민의 자유와 행복을 약탈하고 있는 파렴치한 종북 반국가 세력들을 일거에 척결하고 자유 헌정질서를 지키기 위해 비상계엄을 선포합니다."

'계엄?' 순간 내가 잘못 들었나 싶어 귀를 의심했다. 함께 있는 사람들에게 물으니 분명 계엄이라고 똑똑히 들었다고 했다. 곧장 자리에서 일어섰다. 머리가 멍해졌다. 동시에 '빨리 국회로 들어가야 한다'는 생각뿐이었다.
내 차 번호는 국회에 등록돼 있으니 바로 붙잡힐 수 있겠다 싶었다. 택시를 부르는 게 낫겠다고 판단했다. 하지만 택시는 좀처럼 잡히지 않았다. 사실 목적지가 바로 앞이라 택시가 잡히는 게 오히려 이상한 상황이었다. 10분이 훌쩍 지나서야 겨우 택시가 잡혔다. 평소 같으면 택시 기사님과 이런저런 얘기를 나눴겠지만, 그럴 여유가 없었다.

22대 국회의원 단체 텔레그램 방은 역시나 난리가 났다. 다들 국회로 오라는 얘기와 현장 상황을 실시간으로 공유하고 있었다. 나는 택시로 국회 주변을 두 바퀴 정도 돌았다. 경찰들이 차츰 모이더니 곧 불심검문이 시작됐다. 인적이 드문 곳에서 내려 담을 타기 시작했다. 양옆에서 경찰들이 달려오는 소리와 "담 넘지 마세요!" 하는 소리가 커질수록 내 심장은 더욱 빠르게 뛰었다. 다행히 무사히 담장을 넘었다.

"아저씨, 담을 왜 넘어요?"

"제 직장이 여기입니다. 국회의원이에요."

"네? 국회의원이라도 지금은 들어가시면 안 돼요."

"제가 들어가야 계엄을 해제할 수 있어요."

"안 됩니다. 얼른 다시 나오세요."

이런 실랑이를 벌이고 있을 때가 아니었다. 곧바로 이재명 대표에게 전화를 걸었다. 통화가 안 되면 어쩌나 걱정했지만, 다행히 연결됐다.

"지금 한준호 의원실에 와 있어요. 여기로 오세요."

대표와 한준호 최고위원, 나까지 셋이 있었다. 얼마 지나지 않아 이해식 비서실장도 도착했다. 이미 등화관제까지 마친 후였다.

한준호 최고위원이 위치 추적을 피하려면 휴대전화를 꺼놓는 게 좋겠다고 했고 대표는 곧장 전원을 껐다.

"메모지 있으면 좀 줄래요?"

대표는 받은 메모지에 이재명, 박찬대 그리고 최고위원들의 이름을 써 내려갔다. 그러다 내게 물었다.

"김 실장, 최고위원 순서 이게 맞죠?"

"네, 맞습니다."

"그럼 최고위원 다음에는 누구를 써야 하죠?"

"네?"

"내가 잡히면 원내대표가 지휘할 거고, 원내대표 다음에는 최고위원, 그다음에는 누구냐는 겁니다."

대표는 곧 잡힐 수밖에 없다 확신하는 표정이었다. 그렇게 되면 전열이 흐트러질 수 있으니 윤석열 계엄 정부와 싸워 나가기 위해 당무를 이어갈 서열을 정해 두자는 취지였다. 대표는 쓰던 메모지를 내게 넘겨주며, 20명 정도까지 작성해 기자들에게 공표하라고 지시했다.

ⓒ 연합뉴스

국회 본청 본회의장에 의원들이 속속 들어오고 있었다. 우리도 마냥 회관에 있을 수만은 없었다. 계엄 해제 표결에 참여할 의원 150명이 모일 즈음 본회의장으로 이동하자고 의견을 모았다. 100여 명의 의원이 모였다는 소식이 들려왔다. 이동해야 했다. 우리는 의원회관 2층 정문으로 내려가 본청 본회의장으로 가는 길을 살폈다. 거리는 약 250m.
"혹시나 모르니까, 제가 먼저 가보겠습니다."
내가 자청했다. 한준호 최고위원이 내 등을 다독이며 고개를 끄덕였다. 다 함께 뛰어가다 모두 잡히는 상황은 피해야 했다. '가자. 가보자!' 본청에 거의 도착할 무렵이었다. '헉!' 주변에 계엄군이 보였다. 손짓으로 되돌아가라고 알렸다.

본청 정문 앞에는 이미 계엄군과 당직자, 보좌진들이 서로 뒤엉켜 몸싸움을 벌이고 있었다. 지금 생각해 보면 아찔한 순간이었다. 다들 정신이 없었고, 상황이 워낙 긴박하게 돌아가고 있어 그 누구도 상황의 위험성을 따질 겨를이 없었다. 다행히 나는 당직자들과 보좌진의 도움으로 본청에 무사히 들어갈 수 있었다.

대표를 본회의장으로 안전하게 이동시키는 것이 내 임무였다. 본청 1층은 이미 폐쇄된 상태였지만, 평소 알고 지낸 국회 방호과 직원을 통해 1층을 열 수 있다는 정보를 얻었다. 전화를 걸어 지금 바로 본청 1층으로 오면 된다고 설명했다.

그 방호과 직원은 폐쇄된 1층 셔터문 열쇠를 가지고 있었고, 대표가 탄 차량이 진입하면 곧장 문을 열어 본청으로 들어오도록 하는 계획이었다. 그러나 1층으로 차량 진입을 막고 있다는 사실이 확인돼 다른 길을 찾아야 했다. 한 당직자 후배에게 혹시 모르니 지하로 가보라고 했다.

국회는 본청과 의원회관, 소통관, 도서관 등이 모두 지하로 연결돼 있다. 처음부터 이 방법을 염두에 두고 있었지만, 지하통로는 외길이라 만약 계엄군이 장악하고 있다면 꼼짝없이 붙잡힐 수밖에 없는 구조였다. 본청 1, 2층이 모두 막힌 상태에서 이제는 지하 1층 외엔 다른 길이 없었다. 계엄군이 지하통로를 찾지 못했길 바랄 뿐이었다.

나는 당직자와 보좌진들을 더 모아 지하로 내려갔다. 다행히 계엄군이 아직 지하까지 진입하지 않은 상태였다. 당직자들과 보좌진이 10~20m 간격으로 지하통로에 서 준 덕분에 빠르게 의원회관 쪽으로 진입할 수 있었다. 한준호 의원과 통화해 지하통로를 확보했음을 알렸다.

세 분을 다시 만났지만 기뻐할 겨를이 없었다. 곧장 본청으로 뛰었다. 대표 주변에 두 명 이상의 당직자와 보좌진이 붙어 혹시 모를 상황에 대비했다. 정말 어렵게 대표가 본청에 도착한 순간이었다. 후에 들은 바로는 대표가 본청에 도착한 지 3~5분 정도 지나 계엄군이 지하로 내려왔다고 한다.
이 모든 일이 기적에 가까웠다. 그 시각 국회 앞으로 달려와 군대를 막아선 시민들, 본회의장을 지키기 위해 몸을 던진 보좌진, 당직자, 국회 직원들. 그날 현장의 모든 분이 내 눈에 생생한 기적처럼 보였다.

덧붙여 한마디 하자면, 위기의 순간 사람의 본 모습이 드러난다. 자신의 마지막을 예감하면서도 끝까지 불의에 맞서 싸울 수 있도록 전열을 정비해 두고자 했던 대표의 의연한 리더십은 그날의 숨겨진 하이라이트였다.

## 멈춰 서는 이유

요즘 유세 현장에서는 후보와 스킨십을 나누기 더 어려워졌다. 지난해 흉기 피습사건의 악몽이 채 잊히기도 전에 '사거리 2km에 달하는 저격용 소총이 밀반입됐다', '전직 특수요원이 암살 명령을 받았다'는 등 테러·암살 위협과 관련한 제보가 연이어 접수됐다. 때문에 선대위에서는 후보의 안전을 보다 강화할 수밖에 없었다.

수행실장인 나도 긴장을 늦출 수 없다. 유세 현장에서 후보가 시민들과 악수하고 포옹하며 인사를 나누는 것은 너무나 당연한 일이지만, 나는 그 순간들이 늘 아슬아슬하게 느껴졌다.

후보도 이런 상황을 인지하고 있다. 그럼에도 그가 그냥 지나치지 못하고 잠시 멈춰 서는 순간이 있다.

그를 멈춰 서게 하는 것은 다름 아닌 그의 책이다. 인파 속을 정신없이 지나가다가도 자신의 책을 들고 있는 시민이 보이면 반드시 멈춰 선다. 책을 받아 들고 사인을 하며, 짧은 순간이라도 눈을 맞추고 감사 인사를 잊지 않는다.

책은 후보가 국민께 진솔한 생각을 전하는 창구이자, 동시에 그가 직면하고 있는 정치 탄압과 왜곡된 수사에 맞서 진실을 지키기 위한 가장 현실적인 수단이다. 지금 후보는 5건의 형사재판을 받고 있다. 정치 검찰의 무리한 기소에 의한 정치 탄압은 법정 공방의 문제에 국한되지 않는다. 방어를 위한 수많은 준비와 인력, 막대한 변호사 비용, 그리고 입증 자료 수집까지 보이지 않는 압박이 하루하루를 짓눌렀다. 시간도, 돈도, 정신력도 모두 버텨내야 하는 상황인 것이다.

상황이 이러하니, 책을 사 들고 찾아온 분들이 단순히 독자나 팬으로 보이지 않는다. 정치 검찰의 폭력에 맞서 함께 싸워주는 '동지'로 여긴다. 그의 말에 귀 기울여 주고, 그 뜻을 함께

품어주는 연대의 손길이다.

물론 후보는 항상 웃으며 말한다.

"책 한 권 한 권이 중요해요. 변호사 수임료가 많이 들거든요."

나는 그 웃음을 옆에서 수없이 봐 왔다. 웃고는 있지만, 그 너머의 절박함이 있고, 깊은 감사가 묻어 있었다.

온갖 모욕과 굴곡진 시련이 그를 집어삼키려 했지만, 그때마다 꿋꿋이 버텨내고 일어서 여기까지 온 후보였다. 그리고 그는 늘 자신을 증명해 왔다. 지금 이재명 후보에게 책은 절대 불의에 굴복하지 않고 이겨내겠다는 결연한 의지의 산물인 셈이다. 그리고 그 기록을 손에 들고 와준 한 사람 한 사람이, 지금 이 위태로운 싸움 속에서 그를 지탱하고 있는 힘이다.

정치인은 국민의 일꾼으로서, 국민을 대리한다. 그러기 위해서는 국민의 마음을 얻어야 한다. 반대로 국민을 위해 누구보다 먼저 현장으로 달려가기를 주저하지 않았던 그에게, 이제는 국민이 달려와 주고 있다. 후보가 책을 사인하는 중에 잠시 그런 생각을 해보았다. 그러니 오늘도 위험을 감수하고 그는 기꺼이 멈춰 선다.

답답한 마음에 나도 SNS에 써본다.

"재판, 아직 갈 길이 멉니다. 함께 싸워주세요. 책이 큰 힘이 된답니다."

## 방탄복 그리고
## 운동화에 담은
## 메시지

2024년 1월 2일 오전, 부산 강서구 가덕도 대항전망대. 이재명 대표는 신공항 부지를 시찰한 뒤 현장에서 취재진과 질의응답을 진행하고 있었다. 그 순간 '내가 이재명'이라는 문구가 적힌 파란 종이 왕관을 쓴 60대 남성이 다가왔다. 그는 사인을 요청하며 자연스럽게 대표에게 접근했다. 그리고 준비해온 등산용 흉기를 꺼내 대표의 목을 찔렀다.

대표는 목 왼쪽에 약 1.4cm 깊이의 자상을 입었고, 속목정맥의 60%가 손상됐다. 출혈이 컸고, 자칫하면 생명이 위태

로울 수 있는 상황이었다. 그는 곧장 이송되어 약 1시간 40분간 혈관 재건 수술을 받았다.

가해자는 인터넷에서 약 18cm 길이의 등산용 칼을 구입한 뒤, 손잡이를 제거해 보다 깊이 찌를 수 있도록 개조한 것으로 확인됐다. 경찰 조사에서 그는 "살인의 고의가 있었다"고 진술했다.


그 사건 이후, 21대 대선 기간 민주당 선대위에는 이재명 후보를 겨냥한 테러 위협 제보가 잇따랐다. "사거리 2km에 달하는 저격용 괴물 소총이 밀반입됐다"는 정보까지 들어오면서, 당은 경호 전문가들이 포함된 테러 대응 TF와 제보센터를 긴급히 구성했다.

악수나 포옹 등 직접 접촉도 제한해야 했다. 유세장 주변에는 경찰특공대와 폭발물 탐지견, 드론이 배치됐고, 일부 시민들은 거울이나 풍선을 이용해 저격을 방해하려는 자발적 경호에 나서기도 했다.

5월 16일 홍대 유세 현장부터는 가로세로 1m, 두께 4cm, 무게 55kg에 달하는 3면 구조의 이동식 방탄유리가 설치됐다.

후보가 연설 전 방탄막 밖으로 나와 "갇혀 있는 것 같아 너무 답답합니다"라고 인사하면, 시민들은 후보의 안전이 걱정돼 오히려 "들어가!"를 외쳤다.

출정식이 열린 5월 12일, 후보는 방탄복을 착용하고 청계광장에 섰다. 무게는 약 3kg, 입고 있으면 등에 땀이 계속 흘렀다. 기존 양복이 맞지 않아 한 치수 더 큰 옷을 새로 마련해야 했다. 그러나 그는 단 한 번도 불편하다는 내색을 하지 않았다.
어쩌면 이것조차 자신이 짊어져야 할 운명이라 여기는지도 모른다. 상대를 적으로 규정하는 증오와 분열의 정치를, 자기 손으로 끝내겠다는 사명감. 내가 아는 이재명이라는 사람은 말도 안 되는 수많은 재판조차 세비 받으며 해야 할 일처럼 묵묵히 견디는 사람이다.

그날 후보가 신은 운동화가 화제를 모았다. 민주당의 전통적 색상인 파랑과 하양에 국힘의 색인 빨강이 조화를 이룬 운동화를 선택해 통합의 메시지를 담은 것이다. 이번 대선 민주당의 슬로건인 '지금은 이재명', '이제부터 진짜 대한민국'이 운동화 끈과 옆면에 각각 새겨졌다.

경북 구미 유세에서 후보는 "좌측이든 우측이든, 빨강이든 파랑이든, 영남이든 호남이든 무슨 상관이 있냐"며 "박정희의 정책이면 어떻고, 김대중 정책이면 어떻냐"라고 말했다. 그렇다. 지금 대한민국에 필요한 것은 분열이 아닌 통합이고, 낡은 이념 대신 국민을 잘살게 할 실용주의다.
"우리는 할 수 있다는 희망을, 국민이 이긴다는 확신을, 대한민국이 세계를 주도할 수 있다는 꿈과 자부심을 여러분과 나누겠습니다." 후보가 남긴 이 다짐은 진짜 대한민국을 함께 열어보고 싶은 나의 각오이기도 하다.

# 속초에서 온 편지

단양 유세 현장에 故 양회동 열사의 부인께서 찾아오셨다. 5월 2일은 열사의 2주기였다. 쉬운 걸음이 아니었음을 안다. 사전에 계획되지 않았기 때문에, 유세 현장에 오셔도 만날 수 있다고 장담할 수 없었다. 그럼에도 남편의 억울함을 전하고 싶어 속초에서 단양까지 부랴부랴 오신 것이다. 후보는 편지를 받아 들고 아무 말없이 열사의 부인을 꼭 안아주었다.

철근공으로 현장에서 8년간 일하다 2019년 10월 민주노총 건설노조 강원지부에 가입한 故 양회동 열사는, 조합원들의 권리와 일자리를 지키기 위해 주 5~6일, 300km 이상을 이동하며 분투했다. 모두가 저녁 있는 삶을 살았으면 하는 열사의 평소 바람이 전해졌다.

일정이 끝난 뒤에도 후보는 차 안에서 다시 그 편지를 꺼내 들었다. 故 양회동 열사 이야기는 꼭 해야겠다고 느꼈는지, 일정 후 예정된 방송에서도 다른 화제를 뒤로 미루고 언급했다. "국가가 국민을 지켜주지는 못할망정, 궁지로 내몰아 극단적 선택을 하도록 만드는 일이 더는 없어야 한다."

故 양회동 열사는 민주노총 건설노조 강원건설지부 3지대장으로 건설 현장의 불법하도급과 체불임금, 노동안전 문제에 맞서 싸웠다. 윤석열 정부는 건설노조를 '건폭'으로 몰았고, 수사기관은 열사를 비롯한 건설노조원들을 상대로 무리한 수사를 이어 갔다.
압수수색과 소환조사가 이어졌다. 법원은 영장을 기각했지만, 검찰은 또다시 양회동 열사의 구속적부심을 청구했다. 결국 그는 자신을 '범죄자'로 몰아가는 국가에 항의하며 2023년 5월 1일, 춘천지검 강릉지청 앞에서 "힘들어서 더 이상은 못하겠

시민에게 받은 꽃과 쪽지

다"는 말을 남기고 분신했다.

　국가란 무엇을 위해 존재하는가. 참사와 희생으로 소중한 생명을 잃는 일이 반복될 때마다 이 질문은 우리 안에서 메아리친다. 그 명징한 답이 흔들릴 때, 나라의 주인인 우리는 분노해 마땅하다. 권력자의 부당한 횡포에 의한 국가 폭력의 다음 희생자가 우리 중 또 누가 될지는 아무도 알 수 없다. 누군가는 그를 분신한 건설노조 간부로만 기억할지 모른다. 그러나 그는 한 사람의 노동자이기 이전에 남편이었고, 아버지였던 '양회동'이란 이름으로 기억되기를 바란다. 기억은 추모에 머물지 않아야 한다. 남은 사람들이 할 수 있는 일은 그런 죽음이 다시는 반복되지 않도록, 그가 꿈꿨던 세상을 조금씩 실현해 나가는 것이다.

　내가 이 글을 쓴 이유는 이재명 후보의 분노가 특별한 것으로 여겨지지 않기를 바라서다. 이 글을 읽는 모두 함께 슬퍼하고 분노하길 바란다. 故 양회동 열사를 기억해 주기를 바란다. 모두가 저녁 있는 삶도 말이다.

그날 편지를 건넨 부인의 걸어가는 뒷모습이 오래도록 남았다. 나는 그 모습을 떠올리며 질문했다. '정치는 무엇으로 답해야 하는가?' 나는 이 질문의 답을 지금도 찾고 있다.

ⓒ 더불어민주당

## 용산, 방탄유리

방탄유리를 설치하기로 결정된 건 전날 밤이었다. 계속되는 테러 위협에 캠프에는 이미 팽팽한 긴장감이 감돌았고 첫 유세지가 하필 용산이라는 사실이 무겁게 다가왔다.

안전이 최우선이라지만, 유세장에서 후보의 모습이 방탄유리 뒤에 갇혀 있다는 건 여러모로 부담이었다. '겁먹은' 모습처럼 보일 수 있고, 지나치게 위세를 부리는 것처럼 보일 수도 있었다. 어느 쪽도 언론에는 나쁘게 비칠 수 있는 상황, 말 그대로 '정치적 리스크'였다.

아침부터 유세장을 설치하는 손길이 바빴다. 무대 중심에 세워진 투명 방탄유리는 고정되지 않았고, 바람이 불 때마다 미세하게 흔들렸다. 시간이 부족했다. 무엇보다 무대 디자인팀도, 경호팀도 방탄유리 설치 경험이 없었다. 정작 고정이 안 돼서 결국 모래주머니를 공수했다. 몇몇은 헛웃음을 흘렸고 어떤 이는 "이거 모양새가 너무 빠지는 거 아니냐"며 소리 없이 한숨을 쉬었다.
지지자 몇 명이 다가왔다. 누군가는 진심으로 걱정했고 누군가는 시비를 걸듯 말했다.
"트럼프처럼 사방을 다 막으셔야지, 이건 뭐 구멍 숭숭 뚫려 있잖아."

유튜버들이 이리저리 찍어대며 무대 위 구석구석을 실시간으로 중계했다. 긴장한 캠프 스태프들의 표정까지 그대로 화면에 실렸다. 그 와중에 모니터에 비친 후보의 얼굴색이 푸르스름하다는 말이 들렸다. 유리의 반사와 조명, 하필이면 구름 낀 날씨까지 겹쳐 버렸다. 사람 하나를 무대 위에 세우기 위해 생각보다 신경 쓸 것이 너무 많았다.

경찰은 평소보다 두세 배 많았다. 곳곳에 배치된 병력은 말이 경호지, 눈빛은 전투 그 자체였다. 무대에서 보이는 건물 옥상마다 사복경찰이 올라가 있었고 무전이 끊임없이 오갔다. 국정원 출신이라는 모 보좌관은 잔뜩 긴장한 채 알아들을 수 없는 익숙하지 않은 말을 쏟아냈다. 사실 그가 뭘 준비하고 있었는지 정확히는 몰랐지만, 그마저도 없었다면 불안했을 것이다.

무대 주변에는 차단봉과 안전 펜스로 안전거리를 확보했고, 출입 통제를 위한 비표 관리는 더욱더 철저해졌다. 후보는 무대 위로 천천히 올랐다. 평소 같으면 군중 앞으로 다가가 일일이 손을 잡고 인사를 나눴을 것이다. 그러나 오늘은 유리 벽 너머로 손을 흔들 뿐이었다.

가깝지만 멀었다. 누군가는 "답답하다"고 했고, 또 누군가는 "저게 나라냐"고 했다. 나는 무대 앞뒤를 오가며 주변을 끊임없이 훑었다. 주변 옥상, 건물 그림자, 지나가는 드론 하나에도 시선이 멈췄다. 학창시절 봤던 영화 〈사선에서〉가 머릿속을 떠나지 않았다. 그 영화처럼만 되지 않기를 속으로 수십 번 되뇌었다. 다행히 유세는 무사히 끝났다. 유세를 마친 후보가 무대를 내려왔다. 손을 흔드는 그의 모습이 왠지 고립돼 보였다.

방탄유리 뒤의 정치. 아무 일도 없었지만, 아무 일도 아닌 건 아닌 숨 가쁜 날이었다. "이제 우리도 미국 대선을 뛸 수 있는 거 아니야" 하는 자조 섞인 농담이 들렸다. 용산역. 이 상징적인 장소에서 치러진 방탄유리 유세는 누가 봐도 평범하지 않았다. 캠프도, 지지자도, 국민도 그리고 아마 용산 너머에 있는 그 부부도 지켜보고 있었을 것이다. 공교롭게도 그날의 유세장은 답답한 유리처럼, 지금의 대한민국을 그대로 닮아 있었다.

## 울산 동구 유세, 두 번째

전화가 걸려 왔다. 후보가 선거 유세를 위해 울산 동구(나의 지역구다)에 도착하기 5분 전이었다. 휴대전화 화면에는 '임호선 의원'이라 떴다. 그는 중앙선대위에서 안전실장을 맡고 있던 분이다. 싸한 기분이 들었다.

전화를 받자마자 다급한 목소리가 들렸다.

"후보님 도착하셔서 차에서 내리시면 안 됩니다. 안전상 문제가 있어요. 잠시 대기해 주세요."

"네? 무슨 말씀이시죠?"

임 의원의 목소리는 분명히 평소와 달리 매우 긴박했다.

상황이 심상치 않음을 직감했다. 그러나 후보에게 바로 전달할 수는 없었다. 불필요한 동요를 줄이기 위해서라도 먼저 사안을 면밀하게 파악해야 했다.

나는 차 문을 열고 내려 바로 이춘석 후보실장(전반적인 상황을 총괄한다)에게 전화를 걸었다. 그의 설명은 이랬다. 경찰이 관측경을 통해 유세장 주변을 살피던 중 멀리 있는 오피스텔 9층에서 수상한 물체를 포착했다는 것이다. 혹시라도 위험한 물건일 수 있기 때문에 정확히 무엇인지 확인이 필요하다고 했다.
'위험한 물건? 혹시 총?' 긴장감이 내 몸을 짓눌렀다. 숨이 멎을 것 같았다. 함께 있던 수행팀, 경호팀에게 신속하게 상황을 전달했다. 우리는 예정된 유세장에서 약 3분 정도 떨어진 지점에 차량을 정차한 채 대기 상태에 들어갔다.

결과를 기다리는 동안, 정말 심장이 터질 듯 뛰었다. 만약의 상황을 생각하지 않을 수 없었다. '이대로 행사를 취소해야 하나? 군중 사이로 불안이 퍼지면 어쩌지? 설마 총은 아니겠지?' 생각은 꼬리에 꼬리를 물었고 정적은 유난히 길게 느껴졌다.

그러던 중, 다시 안전실로부터 연락이 왔다.

"확인 결과 오피스텔에 계셨던 분은 우리 지지자셨습니다. 후보님 얼굴을 좀 더 가까이에서 보고 싶어 망원경으로 유세장을 보고 계셨던 거랍니다."

허탈함과 안도감이 함께 밀려왔다. 경찰이 망원경을 정체불명의 장비로 오해한 것이었다. 행사는 예정대로 진행됐다.

정말 다행이었다. 덕분에 나는 중요한 원칙 하나를 다시금 새기게 되었다. 단 한 순간도 '아무 일 없겠지'라는 안일한 생각을 가져서는 안 된다는 것. 유세장은 불특정 다수의 사람이 모이는 장소다. 시간에 쫓기고 일정 소화에 급급해서는 언제든 후보의 안전이 위협받을 수 있다. 후보가 안전하지 않다는 사실은 시민들 역시 현장에서 안전하지 못하다는 뜻이다. 이것은 우리를 믿고 유세장으로 나온 시민들과의 신뢰를 저버리는 일일 수 있다.

그 어느 순간도 '그 정도는 괜찮겠지'라고 넘길 수 없다. 늘 살얼음판을 걷는 심정으로 확인하고 또 확인해야 한다. 그날 울산 동구 유세 현장도 마찬가지였다. 작은 해프닝이었지만, 유세 현장을 떠나 우리가 하는 정치가 어떤 책임감으로 행해져야 하는지 생각하게 만드는 순간이었다.

ⓒ 연합뉴스

## 죄스럽지 않은
## 봄을 위하여

당내 경선이 한창이던 4월 16일, 이재명 후보는 세월호 11주기 추모식에 참석하기 위해 조용히 안산으로 향했다. 선거 일정이 빠듯했지만, 그날만큼은 외면할 수 없었다. 정치적 의미보다 진심이 닿을 수 있는 시간이 되기를 바랐다.

행사장에 들어서자 한 유가족이 조심스럽게 그의 가슴에 노란 리본을 달아주었다. 어떤 이는 분노 섞인 목소리로 말을 걸었고, 또 어떤 이는 그를 뚫어지게 바라보았다. 현장의 모든 시선과 목소리는 애절했고 무거웠다. 후보는 아무 말도 하지 않았다. 그저 고개를 숙인 채 자리를 지켰다. 위로보다는 함께 슬퍼하고, 함께 아파하는 자리가 되기를 바랐다.

그 모습을 지켜보다 예전에 보았던 영상이 떠올랐다. 세월호 배지를 두고 실랑이가 벌어진 장면이었다. 누군가 이재명에게 말했다.
"그 배지 좀 떼면 안 돼요?"
그는 되물었다.
"왜요?"
"지겨워서요."
잠시 말을 멈춘 그는 조용하지만 단호하게 답했다.
"사람이 죽었는데… 어떻게 그런 말을 할 수 있죠?"
그리고 덧붙였다.
"내 자식이든 남의 자식이든, 다 같은 사람 아닙니까?"
그 장면은 사회적 참사에 무신경한 사람과 아픔을 함께 나누려는 사람이 맞선 순간이었다.

조용히 자리를 지키던 후보의 시야에 낯선 이 한 사람이 들어왔다. 노란 옷을 입은 백발의 남성이었다. 조용히 카메라를 들고 후보를 촬영하더니 다가와 무언가를 건넸다. 순간 나는 심장이 쿵 내려앉는 듯했다.

곧 쪽지를 건넨 사람의 신상이 확인됐다. 故 문지성 양의 아버지, 문종택 씨였다. 말없이 건네진 작은 쪽지, 그 안에는 짧지만 절절한 글이 쓰여 있었다.

"제대로 된 진상규명을 해주세요. 우리는 아직도 진실을 기다리고 있습니다. 그리고, 대통령이 되신다면, 부디 세월호 기억식에 참석해 주세요."

얼마나 많은 말이 하고 싶었을까? 그러나 그는 아무 말도 하지 않고 쪽지만 건네고 돌아섰다.

4월 봄에 받은 그 쪽지에, 2025년 7월 여름 대통령실은 응답했다. 이재명 대통령은 사회적 참사 유가족(세월호, 이태원, 오송, 제주항공 등)들과 마주 앉았다. 국민 앞에서 고개를 깊이 숙였다. 정부가 처음으로 공식 사과한 자리였다. 정말 오랜 시간이 걸렸다.

그날 대통령은 단호히 말했다.

"국정 최고 책임자로서, 국민을 지켜야 할 정부의 책임을 다하지 못해 많은 사람이 유명을 달리한 것에 대해 공식적으로 국민을 대표해 사죄 말씀을 드린다."

잊지 못할 봄. 아직 돌아오지 못한 아이들. 여전히 '기다림'이라는 이름으로 머물러 있는 그들을 위해, 누군가는 끝까지 기억해야 한다. 기억은 추모에 머물지 않아야 한다. 안전은 말이 아니라 제도여야 하고, 책임은 슬픔이 아니라 실천으로 증명되어야 한다. 야속하게도 봄은 또 온다. 매년 찾아오는 이 아픔의 날들이 안전한 국가로의 변화를 상징하는 날로 기억될 수 있기를 바란다.

## 4장

# 곁에서, 함께

정치,
혼자 힘으로
해낼 수 없다

완성된 장면 뒤에는 늘 누군가의 밤과 노고가 있다. 동선을 설계하고, 메시지의 톤을 조율하고, 잠들지 못한 채 내일을 앞서 사는 사람들. 정치인이 서는 빛나는 무대를 뒤에서 함께 만드는 그들. 품위 있게 조율하고 기꺼이 한발 물러서며 무게를 감당하는 사람. 빛나지 않는 자리도 묵묵히 받아들인 동료, 보이지 않는 곳에서 길을 만들고 급박한 상황 속에서도 유기적으로 움직여 준 모든 팀원들. 정치는 한 사람의 개인기로는 완성될 수 없다. 많은 이들의 치열한 땀이 모여 완성된 것이다.

4장에는 무대 뒤에서 정치를 지탱해 온 이들의 땀과 온기를 담았다. 정치는 혼자 걸어갈 수 없는 길이다. 그 곁에서 함께했던 사람들의 기록이다.

# 고기 함 구워 먹읍시다

매일매일이 '탕'이었다. 점심도, 저녁도. 선거 일정은 숨 가쁘게 돌아가고 식사 시간은 늘 빠듯했다. 그럴 때 가장 만만한 게 바로 탕이다. 뚝배기에 보글보글 끓여 나오는 국물 하나면 밥 한 공기 뚝딱 해치울 수 있으니까. 순댓국, 된장찌개, 육개장, 김치찌개, 또 순댓국. 그렇게 돌고 도는 국물의 나날들이다. 가끔은 고단한 몸에 단백질 보충이 필요할 때도 있어 수육이나 보쌈 같은 걸 먹기도 했지만, 이미 삶아진 걸 받아 드는 수준이었다. '불맛'이라는 게 존재하긴 하는 걸까 싶을 정도로 우리의 입에서는 '직화의 감동'이 사라진 지 오래였다.

그러던 어느 날, 선거 일정이 중반을 훌쩍 넘어갈 즈음, 후보가 툭 던지셨다.

"고기 함 구워 먹읍시다."

그 한마디에 모두의 눈이 번쩍 뜨였다. 환호성이 터졌고 누군가는 박수까지 쳤다. 뜨겁게 달궈진 불판, 지글지글 익어가는 삼겹살, 기름이 튀고 연기가 피어 오르는 고기 위로 소금 한 번 톡톡 뿌리면 세상의 시름이 다 사라질 것만 같았다. 생각만 해도 군침이 돌았다. 고기, 그것도 직접 구워 먹는 고기라니. 이것은 식사보다 치유에 가까운 것이었고, 지친 몸을 일으켜 세울 희망의 선언이었다.

하지만 현실은 녹록하지 않았다. 시간이 없었다. 늘 그렇듯 일정은 가득했다. 후보가 고기 얘기를 꺼낸, 그날조차 우리는 다음 유세장으로 부리나케 이동해야 했다. '구운 고기'를 먹긴 했다. 하지만 누가 언제 어디서 구웠는지 모를 이미 한 김 식어버린 '불 맛의 잔재'만이 접시에 있었다. 고소한 향은 남아 있었지만, 뜨거운 육즙이 입안에서 터지는 그 감동은 느낄 수 없었다.

그래도 좋았다. 그날은 정말 오랜만에 고기를 먹은 날이었다. 불판 위에서 튀지 않았어도, 손수 집게를 쥐고 뒤집진 못했어도, 지친 하루의 끝에서 마주한 고기 한 점은 다시금 우리에게 기운을 불어넣어 주었다.

"고기 함 구워 먹읍시다." 이 말 한마디가 주는 힘이 이렇게 클 줄은 몰랐다. 그건 메뉴 제안이 아니라 "우리 조금만 더 힘내 보자", "잠깐 숨 좀 돌리자"는 따뜻한 위로였다.
다짐했다. 이 선거가 끝나면, 진짜로! 제대로! 우리가 직접 불판에 구워서! 연기 풀풀 나게, 고기 한 판 구워 먹자고. 그땐 시간 걱정 없이, 천천히 구워가며 누가 잘 굽는지 시비도 좀 걸어가며, 한 점 한 점 음미하면서. "그때 고기 얘기하셨던 거, 드디어 오늘 먹습니다"라고 외치자고.
그러니 지금은 조금 참다라도 고기 굽는 그날을 위해 오늘도 한 끼 국물에 밥 말아 힘을 낸다. 국물 인생이 길어질수록, 그 불맛의 감동은 더욱 깊어질 테니까! 불 앞에 앉을 그날을 떠올리며 우리는 다시 하루를 정신없이 보낸다.

## 수행팀

이재명 후보가 당 대표일 때는 별도의 수행팀이 없었다. 더불어민주당 비서실 당직자들이 일정을 기획하고 직접 수행까지 맡은 덕분이다. 그러나 대통령 경선이 시작되자 상황이 달라졌다. 후보는 대표직에서 물러났고 당직자들도 중립 의무 때문에 더 이상 특정 후보의 일정을 수행할 수 없게 되었다. 대통령 후보 경선 전, 별도의 수행팀을 구성해야 했다. 여러 의원실로부터 추천받고, 이전에 후보와 함께 일했던 전·현직 보좌진을 중심으로 팀을 꾸렸다. 이들은 일정 수행뿐 아니라 행사 기획부터 행사장 사전 점검, 후보 동선 정리, 전체 일정

관리 감독까지 도맡았다. 무엇보다 중요한 건 수많은 인파 속에서 후보가 안전하고 매끄럽게 이동할 수 있도록 이끄는 일이었다.

수행팀 안에는 조금 특별한 이력을 가진 분도 있었다. 바로 '의사 선행'으로 불리던 팀원이다. 그는 국회 보좌진이었지만 의사 면허를 가진 드문 존재였다. 혹시 모를 응급상황에 대비해 늘 후보 가까이에 함께했다. 비록 그의 응급처치 능력이 실제로 발휘되는 일은 없었지만, 그가 역할을 하지 않게 되길 바랐던 우리 모두의 소망이 끝까지 지켜져 다행이었다.

지방 일정을 나가면 빠지지 않는 것이 전통시장 방문이다. 시장은 불특정 다수가 모여 늘 안전에 각별한 주의가 필요하다. 보통은 경찰이 사전에 폴리스라인을 치고 후보의 동선을 확보해 주지만, 갑작스럽게 동선이 변경될 경우, 거대한 인파를 뚫고 후보를 안내하는 것은 오롯이 수행팀의 몫이었다. 어느 날, 일정에 없던 시장 방문이 급히 결정된 일이 있었다. 수행팀이 간신히 먼저 도착해 동선을 파악했지만, 아직 공유

되지 않은 상태였다. 경찰도 미처 도착하지 않은 상황. 그렇다고 차에서 대기할 후보가 아니었다. 후보는 망설임 없이 시장 안으로 진입했다. 수많은 인파가 몰려들면서 준비된 동선은 한순간에 엉망이 되었다.

시장 한가운데에 이르자 좌우로 길이 갈라졌고, 어디로 가야 할지 판단이 서지 않았다. 초행길에 경찰도 없고 수행팀도 눈에 띄지 않는 상황. 통화를 할 수 있는 여건도 아니었다. 바로 그때, 왼쪽에서 수행팀의 한 팀원이 하얀 종이를 들고 점프를 하며 손을 흔들고 있었다. '이쪽입니다!'라는 뜻이었다. 덕분에 우리는 일정을 차질 없이 끝낼 수 있었다.

모든 일정 뒤에는 늘 수행팀이 있었다. 늘 보이지 않는 곳에서 묵묵히, 누구보다도 치열하게 일했다. 하루하루를 쪼개어 뛰고, 흐트러진 동선을 정비해 사람들 사이에서 길을 만들던 그들. 행사의 시작과 끝, 그 모든 과정을 가장 가까운 곳에서 지켜낸 사람들이 바로 수행팀이다. 큰 사건 사고 없이 전 일정을 무사히 마무리할 수 있었던 건, 그들이 있었기에 가능했다. 그 수고와 헌신 덕분에 우리가 무사히 대선을 치를 수 있었다.

정말 고맙습니다. 이름 없이, 얼굴 없이, 그 누구보다 뜨겁게 함께해준 우리 수행팀 여러분이 있었기에 가능한 길이었습니다.

# 양해의 전문가,
# 묵묵한 뒷모습

―

이해식 비서실장

이재명 당 대표 시절, 매주 화요일 오전이면 '일정 기획 회의'가 열렸다. 한 주간의 대표 일정을 검토하고 실제 감당이 가능한 최소한의 동선을 추리는 자리였다. 전국 각지에서 쏟아지는 요청에 어떻게 응답할지를 함께 고민하는 시간. 하지만 사실 이 회의의 핵심은 '양해의 기술'과 '정중한 거절'이었다. 그리고 그 조율의 중심엔 언제나 이해식 비서실장이 있었다.

회의에서는 토론회, 당내 위원회 간담회, 기자간담회, 정책포럼, 각종 컨퍼런스까지, 들어온 요청 하나하나를 살핀다.

하지만 대표의 일정은 물리적으로 도저히 감당할 수 없는 수준이어서 대부분의 요청은 정중히 양해를 구해야만 했다.

어느 날, 실무진 중 누군가가 다급하게 말했다.
"이해식 실장님, ○○○의원님은 도저히 설득이 안 됩니다. 5분만, 아니 1분만이라도 인사만 해달라고 막무가내입니다. 30분 넘게 통화했는데도 계속 제자리입니다."
그럴 때 이해식 실장은 조용히 고개를 끄덕이며 말한다.
"그 의원님이 좀 그런 경향이 있죠. 내가 직접 연락해 볼게요. 너무 걱정하지 마세요."
그리고 직접 전화를 건다. 때로는 20분, 40분, 길게는 한 시간 넘게 통화하며 정중히 사정을 설명한다.
"대표님께서 꼭 가고 싶어 하시지만 현실적으로 여건이 어렵습니다. 정말 안타깝지만 다른 방법을 찾아보겠습니다." 그의 말은 항상 절제되어 있고 상대방에 대한 배려를 잃지 않는다.

누구에게나 거절은 어렵다. 하물며 정치에서는 더욱 그렇다. 이해식 실장을 보고 있으면 '정중하게 거절한다'는 것은 기술이자 어쩌면 예술에 가깝다는 생각이 든다. 그는 이 어려운 역할을 누구보다 품위 있게 수행해 왔다. 절대 상대의 체면을 구기지 않으면서도 원칙을 놓치지 않는다. 무리한 요청도 무례하게 끊기보다 상대가 스스로 이해하도록 만든다. 마치 '양해의 전문가'처럼.

"실장님, 이 분은 정말 어렵습니다. 아무리 설명해도 납득을 안 하세요. 언성도 높아지고, 막무가내입니다."
그러면 이해식 실장은 짧게 한숨을 내쉬며 말한다.
"대화가 쉽지 않네요. 거의 떼를 쓰는 수준입니다."
"그럼 어떻게 하는 게 좋을까요?"
이해식 실장이 대답한다. "어쩌겠습니까. 다시 연락 드려 직접 뵙고 설득해 봐야죠. 계속 하다 보면…"
이 짧은 대화 속에는 그의 책임감, 인내심 그리고 공적 역할에 대한 깊은 자각이 담겨 있다. 감정적으로 맞서기보다는 끝까지 성의를 다해 다시 설득의 길을 선택하는 사람. 이해식 실장은 그런 사람이다.

그는 언론 앞에 서지 않는다. 인터뷰도 잘 하지 않는다. 자신을 드러내기보다 늘 대표의 뒷모습을 지키는 사람으로 남는다. 대표의 일정이 혼선 없이 조율되고 자연스럽게 이어질 수 있도록 뒤에서는 수십 통의 전화와 양해 요청이 오갔다. 때로는 직접 만나 사정을 설명하고 때로는 상대의 입장을 끝까지 경청하며 접점을 찾는다. 그렇게 쌓인 조율과 헌신, 그의 묵묵한 뒷모습이 대표의 정치 행보를 지탱하는 보이지 않는 힘이 되었다.

정치인의 진짜 품격은 '화려한 무대 위가 아니라 보이지 않는 자리에서 얼마나 묵묵히 책임을 다했는가'에서 드러난다고 한다. 이해식 비서실장은 그런 사람이었다. 항상 품위 있는 방식으로 흔들림 없이 대표를 보좌해 온 사람. 그가 있었기에 이재명 대표의 정치가 균형을 잃지 않고 이어질 수 있었다고 나는 단언한다.

# 원칙을 지키는 동행자

—

김용만 2수행실장

더불어민주당 대통령 후보 경선에서 이재명 후보가 선출된 바로 다음 날이었다.

"김 의원! 이제 본선에 들어가면 혼자 수행실장을 하긴 어려울 거야. 그래서 김용만 의원과 함께 수행실장을 맡는 게 어떻겠어?"

'엥?' 순간 어리둥절했다. 2기 당 대표 취임 이후부터 지금의 대선 후보 경선까지 수행실장을 혼자 맡아 쭉 달려왔는데, 이제 불과 한 달도 채 남지 않은 대선 본선 국면에 수행실장 한 명을 더 투입한다고? 혹시 내가 뭘 잘못했나? 몸이 고되긴 했지만, 역할을 나누는 것도 만만치 않은 일이었다.

가장 큰 걱정은 후보의 지시사항이었다. 수행실장은 늘 후보의 말 한마디, 손짓 하나에 바로 움직여야 한다. 그런데 그 지시를 두 명이 나눠서 듣고 움직인다면 오히려 혼선만 생기지 않을까? 그렇다고 "제가 혼자 하겠습니다"라고 할 수도 없는 상황이었다. 이미 나는 1수행실장, 김용만 의원은 2수행실장으로 임명된 상태였다.

몇몇 선배 의원들에게 상의도 해봤지만 뾰족한 해법은 나오지 않았다. 그때 한 선배 의원이 제안했다.

"김 의원이 지금까지 해오던 근접 수행을 계속하고, 김용만 의원이 현장 선행 일정을 챙기는 건 어때?"

좋은 의견이었다. 문제는 그걸 김용만 의원이 받아들일 수 있을지였다. 솔직히 누가 후보 옆에서 일하고 싶지 않겠는가. 빛나지 않고 티도 잘 안 나는 선행 업무를 누가 자처하겠는가. 내가 고개를 갸웃거리자 선배 의원은 말했다.

"그럼 내가 나서서 가르마를 타보지."

셋이 함께 보기로 했다. 사실 그때까지만 해도 큰 기대는 하지

않았다. 그런데 김용만 의원은 의외로 흔쾌히 그 제안을 받아들였다. 조금, 아니 많이 놀랐다. 그가 보여준 태도는 '내가 빛나기보다는 오직 후보를 위해서'라는 마음이었다. '아, 그래서 다들 김구 선생님의 증손자답다 하는구나' 싶었다.

선거 기간 중에 이런 일도 있었다.
"김 실장님, 김용만 실장님 좀 말려 주세요. 말이 안 통해요. 사정이 바뀌었으면 동선도 줄이고 융통성 있게 가야 하는데, 너무 원칙만 고수하세요."
그러면 나는 이렇게 웃으며 말하곤 했다.
"○○○의원님, 그게 바로 원칙주의자 김용만 실장입니다. 제가 얘기해 볼게요."
그런 뒤에 김용만 의원에게 이런저런 상황을 설명하면 그는 잠시 깊이 생각하곤 말한다.
"그게 맞네요." 혹은 "그래도 이건 아닌 것 같습니다."
그의 답이 '거절'일 때도 나는 충분히 의미 있다고 생각했다. 그건 옳고 그름의 문제가 아니라 원칙을 고수하는 태도에 대한 존중이었다.

김용만 의원은 늘 진지했고, 소신이 뚜렷했으며 원칙을 지킬 줄 아는 사람이었다. 말투와 태도 속엔 늘 신중함이 배어 있어 나는 그의 모습에서 자연스러운 품위와 결기를 느꼈다. 그의 단단함은 누군가에게 배운 게 아니라 삶의 태도에서 우러나온 것이었다.

김용만 의원은 앞으로 분명 훌륭한 정치인으로 성장할 것이다. 이제 우리는 이재명 대통령을 지키고 더 나은 대한민국을 함께 만들어 갈 동반자다. 빛나는 자리보다 조용한 헌신을 택해온 그이기에 앞으로도 가장 믿음직한 정치적 동반자가 되어 줄 것이라 믿는다.

## 준비된 여유

유세 일정은 분 단위로 계획되지만, 모든 것을 예측하고 움직이기란 쉽지 않다. 이동하는 중 갑자기 화장실이 급하거나, 일정 사이사이 예정에 없던 짧은 여유가 생길 때도 있다. 그럴 때 우리는 어디로 갈까?

후보 일행은 경호팀, 수행팀, 대변인단 차량까지 보통 다섯 대에서 여섯 대가 함께 움직인다. 당연히 주차 공간이 넉넉해야 하고, 위화감을 주지 않으며 주민의 불편이 없도록 해야 한다. 물론 후보의 안전이 충분히 고려되어야 하는 것이 무엇보다 중요하다. 그래서 군청, 행정복지센터 같은 공공기관이 단골이다. 지방을 다닐 때는 특히 더 그렇다. 얼마 전에는 급해서 소방서를 찾기도 했다.

주변 상권이 밀집해 있거나 점심시간과 겹치면 정차가 가능한 공간을 찾는 일이 어려워진다. 근처에 초등학교나 시장이 있는 경우 차량 진입 자체가 부담될 때도 있다. 결국 눈에 띄지 않으면서도 접근이 용이한 장소를 단 몇 분 안에 판단해야 한다.

가장 먼저 움직이는 건 수행팀이다. 보통은 행사장 반경 500m 이내를 찾는데 화장실 위치와 출입 동선, 분장을 고치거나 잠시 휴식을 취할 수 있는 공간의 유무를 빠르게 점검한다. 동시에 경호팀은 차량의 진입 위치와 문 방향을 조정한다.

차량 문이 열리는 방향, 후보가 들어가고 나올 문의 거리, 외부 시야, 모든 것이 검토 대상이다. 작은 미흡함도 돌발 상황의 빌미가 될 수 있기 때문에 우리는 늘 예민할 수밖에 없다. 짧은 휴식이라 해도 그것은 준비된 일정이어야 하는 것이다. '예기치 못한 준비된 여유'란 모순된 표현이 가장 적확할 것이다.

예고 없는 일정은 늘 생긴다. 어떤 날은 타이어공장 화재 피해 이재민 시설 방문이 갑작스럽게 결정됐다. 우리는 즉시 동선을 재조정하고, 현장 상황을 파악하고, 백브리핑까지 갑자기 준비해야 했다. 언뜻 보기에 그냥 가는구나 싶겠지만, 그 짧은 시간 동안 많은 사람이 급박하게 움직여야 한다. 예상하지 못한 일들이 반드시 생기는 것이 유세이고, 일정보다 앞서서 움직이는 것이 수행의 일인 것이다. 그렇게 선행팀, 수행팀, 유세팀 모두가 톱니바퀴처럼 유기적으로 돌아가야 한다.

점심 식사 후, 용산 유세까지 어중간하게 시간이 남았을 때 우리는 국립중앙박물관으로 향했다. 박물관은 조용했다. 후보는 화장실에 다녀왔고, 나는 유세 일정을 다시 점검했다. 짧은 여유였지만, 계속되는 살인 일정 속에서 후보도 나도 그 짧은 시간이 참 달달하게 느껴졌다.
모두 말없이 각자의 역할을 하며 잠시 숨을 골랐던 그 시간. 긴장의 연속이던 흐름이 잠시 멈췄고, 그 멈춤이 다음 일정으로 나아갈 힘이 되어 주었다. 어딘가에 누군가의 휴대전화에는 그날 박물관을 찾았던 후보의 뒷모습 사진이 남아 있을지도 모르겠다.

준비가 완료되었다는 현장의 연락이 왔다. 우리는 잠시 멈췄던 발걸음을 다시 재촉해 본래의 리듬으로 움직이기 시작했다.

## 혼자 치르는
## 늦은 밤 회의

본 선거 기간 중 대부분의 일정은 밤 10시 무렵 마무리된다. 언론 인터뷰, 유세, 비공개회의까지 끝나고 나면 캠프 숙소로 돌아오는 시간은 늘 그쯤이다. 하지만 나의 하루는 아직 끝나지 않는다. 나에겐 매일 밤, 혼자 치르는 또 하나의 '회의'가 남아 있다.

숙소에 들어오면 가장 먼저 하는 일은 다음 날 일정표를 다시 펼쳐보는 것이다. 일정을 단순히 외우는 것이 아니다. 캠프에서 온 일정표를 후보의 동선과 메시지를 중심으로 다시 조정하는 과정이 필요하다. 현장 분위기나 취재 동선까지 미

리 파악해 두면 그 일정에 담긴 메시지가 전혀 다른 무게로 전달된다.

언제 어디서 무엇을 이야기할지, 어떤 장면을 만들어야 할지를 더 디테일하게 고민해야 한다. 이건 청와대 의전비서관실에 있을 때부터 몸에 밴 버릇이다. 그때 행사의 형식보다 '의미'를 먼저 이해하는 일이 중요하다는 것을 배웠다.
대통령 후보의 일정은 저마다 의미가 있다. 왜 가는지, 가서 무엇을 말해야 하는지, 그리고 그 장소가 가진 맥락을 머릿속에 정리해야 한다. 행사의 의미를 정확히 알고 후보에게 반드시 사전 브리핑해야 일정이 빛이 나고, 소위 말하는 '살아난다'고 할 수 있다. 제대로 인지하지 못한 채 치르는 일정은 사실상 죽은 것이나 다름없다.

후보는 메시지에 특히 예민한 사람이다. "그 표현은 와닿지 않는다"는 말이 나오면, 아침 일정이 시작되기도 전에 제동이 걸릴 수 있다. 그래서 나는 늘 먼저 흐름을 점검한다. 밤에 미리 점검하고 조율해 두는 편이 훨씬 낫다.

이해되지 않는 부분이나 메시지 등이 있다면 새벽이더라도 전화를 걸어 꼭 확인한다.

"이 일정은 메시지와 좀 어긋나는 것 같습니다."

"이 행사의 핵심은 뭐죠?"

일정이 시작되면 후보가 행사나 메시지 등과 관련해 물어볼 사람은 결국 나 하나뿐이란 생각에 더 충실히 준비하려고 했다. 후보가 내가 조율한 부분의 중요성에 고개를 끄덕일 때 준비했던 시간이 보람이 된다.

새벽에 다음 날 일정을 엎은 적이 한두 번이 아니었다. 물론 행사 전체가 아니고, 행사 중 일부였지만, 이 부분은 후보에게 가장 중요한 부분이 될 수도 있었다. 그렇게 내일 일정을 수정하고, 머릿속에 정리하고 나서 시계를 보면 자정이 훌쩍 넘어 있었다. 그제야 씻고 잠자리에 든다.

내일 일정과 메시지를 완벽히 섭렵한 채 잠자리에 들 때와 뭔가 찜찜한 채 누울 때의 차이는 실로 크다. 간혹 그런 날, 몸은 누워 있어도 머리는 잠들지 못하고 내일을 그렸다.

후보의 깐깐함도 크게 한몫했다고 생각한다. 물론 그 덕분에 나는 더 준비된 사람으로 내일을 맞을 수 있었다고 생각한다. 이 모든 과정을 누가 알아주지는 않는다. 그러나 하나의 완성도 있는 일정은, 누군가의 잠을 설치는 조율의 시간 위에 쌓인다. 나뿐 아니라 많은 이들이 매일 밤, 잠들지 못한 채 혼자만의 회의를 열 것이다. 그렇게 치열하게 조율한 밤이 완성도를 높이고, 그 완성도가 결국 국민의 신뢰로 이어진다고 믿는다.

정치 일정은 완성된 장면으로 평가받는다. 그러나 그 장면 뒤에는 수없이 많은 보이지 않는 밤이 있다. 후보가 사람들 앞에 서서 공감을 얻고 단호하게 비전을 제시할 수 있도록, 누군가는 메시지의 온도와 흐름을 조율하고, 누군가는 현장의 동선과 장면을 그려 낸다. 새벽까지 깨어 있는 이들의 수고가 모여 비로소 하루가 완성된다. 나는 이들이 함께 만드는 모든 순간이 정치라고 믿는다.

**에필로그**

# 새로운 시작의
# 무대에서

대선은 끝이 났다. 모두가 알 듯 이제 이재명 대통령이다. 당대표, 예비후보, 대선후보를 거치는 동안 따라다녔던 '수행실장'이란 딱지도 떨어졌다. 고대했던 순간이 왔지만, 내게는 아직 '대표', '후보'란 호칭이 익숙하다.

당대표 수행실장이란 직도 본래 있던 것이 아니었다. 비서실장과 역할을 나눌 만큼 왕성한 활동을 하겠다는 의지가 담긴 자리였다. 나는 곁에서 본 이재명이란 사람의 진심을 세상에 전하고 싶었고, 내가 하는 만큼 내 일이라 생각하며 달려왔다. 그래서 '이재명의 수행실장'이란 내게 함께한 시간의 기록이자, 이제 새로 시작하듯 제자리로 돌아온 나에게 남겨진 숙제다.

나는 국회 의원회관 1019호, 내 방으로 돌아왔다. 방문을 열자 낯선 듯 익숙한 책상과 의자, 미처 다 보지 못한 서류들이 눈에 들어왔다. 대선이라는 폭풍을 지나온 방 안은 고요했지만, 그 고요는 마침표가 아니라 쉼표였다. 곧 부딪혀야 할 현안들과 만나야 할 사람들로 정신없는 나날을 보내고 있다. 해야 할 일의 본질은 변하지 않았다. 가까이에서 보았던 리더의 철학과 태도, 현장에서 들었던 목소리와 바람을 잊지 않고, 여전히 보고, 느끼고, 세상을 바꾸는 일에 힘을 보탤 것이다. 이 책이 그 길 위에서 만난 첫 번째 이정표라면, 다음 표지는 우리 모두가 함께 써 내려갈 것이다.

책, 어떻게 보았을까 궁금하다. 설득당하기를 원하는 이재명의 리더십에서 내가 처음 받았던 작은 충격이 여러분에게도 닿았기를 바란다. 작은 습관과 태도가 어떻게 정치인의 철학이 되고, 그 철학이 어떻게 나아갈 방향으로 이어지는지도 가늠해 보았으면 했다. 정치의 현장에서 일어나는 일화들을 통해 대한민국이 겪고 있는 갈등과 진통에 대해 잠시 멈춰 생각해 볼 기회도 되기를 바랐다. 그리고 보이지 않는 곳에서 묵묵히 지탱하는 사람들의 노고에 박수갈채를 보내 주었으면 했다.

이 책을 덮는 순간이, 우리 여정의 또 다른 장을 위한 문이 되길 바란다. 기록이 여기서 멈추는 것이 아니라, 더 긴 시선으로 앞으로 펼쳐질 대한민국을 응시하는 시선으로 닫고 싶다. 그리고 정치는 결국 사람의 체온 위에 서 있는 일이라는 것, 그 시간들이 그저 사라지지 않는다는 것을 기억해 주길 바란다. 나는 여전히 그 곁에서, 그리고 그 너머에서, 우리의 내일을 응원할 것이다. 그 마음을 담아 이 글을 마친다.

    이 책은 나 홀로 쓴 기록이 아니다. 길 위에서 만난 시민들, 곁을 지켜 준 수많은 동행자들이 함께 만들어 준 결과다. 이름 하나하나를 다 부를 순 없지만, 그 모든 분들께 마음 깊이 감사드린다.

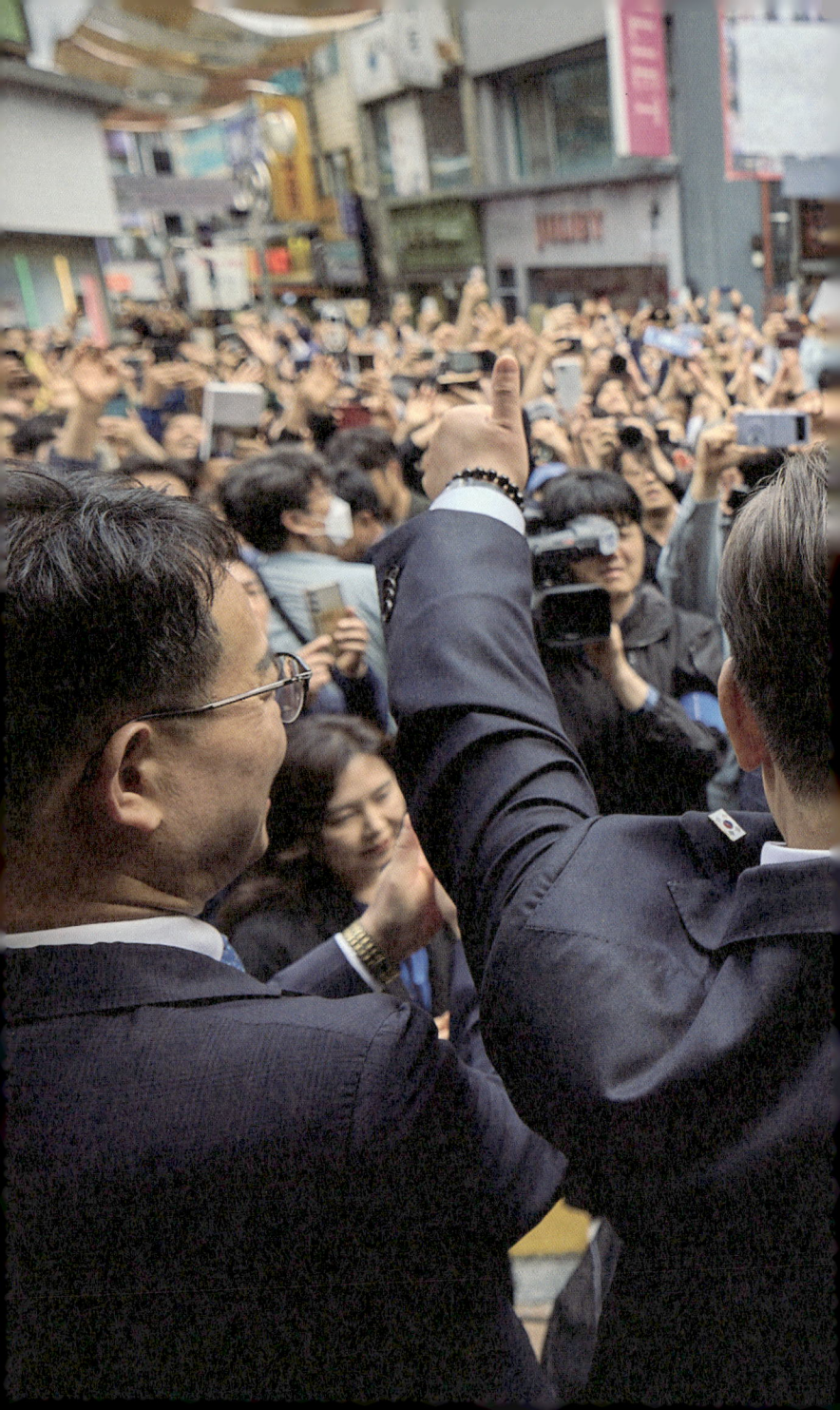

## 이재명 수행일기
언제나 함께했던 수행실장 김태선의 기록

초판 1쇄 2025년 9월 18일 발행

**지은이** 김태선
**펴낸이** 김현종
**출판본부장** 안형태 **기획총괄** 배소라
**편집** 최세정 진용주 황정원 김수진 장진경
**마케팅** 김예리 신잉걸
**디자인** 이미경
**미디어·경영지원본부** 신혜선 문상철 백범선 박윤수 남궁주철 이주리 함동원

**펴낸곳** (주)메디치미디어
**출판등록** 2008년 8월 20일 제300-2008-76호
**주소** 서울특별시 중구 중림로7길 4, 지하 1층
**전화** 02-735-3308 **팩스** 02-73-3309
**이메일** medici@medicimedia.co.kr **홈페이지** medicimedia.co.kr
**페이스북** medicimedia **인스타그램** medicimedia

© 김태선, 2025
ISBN 979-11-5706-473-1 (03300)

이 책에 실린 글과 이미지의 무단 전재·복제를 금합니다.
이 책 내용의 전부 또는 일부를 재사용하려면 반드시 출판사의 동의를 받아야 합니다.
파본은 구입처에서 교환해드립니다.